U0668956

湖南省农业科技园区创新能力评价研究报告·2021

湖南省科学技术信息研究所　著

中南大学出版社
www.csupress.com.cn

·长 沙·

图书在版编目（CIP）数据

湖南省农业科技园区创新能力评价研究报告. 2021 / 湖南省科学技术信息研究所著. —长沙：中南大学出版社，2022.8

ISBN 978-7-5487-4990-5

Ⅰ. ①湖… Ⅱ. ①湖… Ⅲ. ①农业技术－高技术园区－技术发展－研究报告－湖南－2021 Ⅳ. ①F324.3

中国版本图书馆 CIP 数据核字（2022）第 130711 号

湖南省农业科技园区创新能力评价研究报告·2021

HUNANSHENG NONGYE KEJI YUANQU CHUANGXIN NENGLI PINGJIA YANJIU BAOGAO · 2021

湖南省科学技术信息研究所　著

□出 版 人	吴湘华
□责任编辑	刘锦伟
□责任印制	唐　曦
□出版发行	中南大学出版社

社址：长沙市麓山南路　　　　邮编：410083
发行科电话：0731-88876770　　传真：0731-88710482

□印　　装　长沙印通印刷有限公司

□开　　本　710 mm×1000 mm　1/16　□印张 7.75　□字数 125 千字
□版　　次　2022 年 8 月第 1 版　　□印次 2022 年 8 月第 1 次印刷
□书　　号　ISBN 978-7-5487-4990-5
□定　　价　108.00 元

图书出现印装问题，请与经销商调换

湖南省农科园创新能力评价研究报告·2021
编委会

◇ **主　任**

张小菁

◇ **副主任**

李维思

◇ **指导专家**

贺和初　史　敏　宋　捷

◇ **编著组组长**

廖　婷

◇ **编著组副组长**

邬亭玉　雷筱娱

◇ **编著组成员**

文晓芬　石海林　周　晓　谭力铭

张　越　倪家栖　杨彩凤　符　洋

郭　坤　茹　华　李　滢　徐建改

前　言

　　为全面落实"三高四新"战略定位和使命任务，加强对湖南省农业科技园区(以下简称"园区")的分类指导、绩效评价和动态管理，促进园区提质升级、推动乡村振兴，根据《国家农业科技园区发展规划(2018—2025年)》《关于印发〈湖南省农业科技园区管理办法〉的通知》(湘科发〔2017〕102号)和《湖南省人民政府办公厅关于创建"五好"园区推动新发展阶段园区高质量发展的指导意见》(湘政办发〔2021〕19号)等文件精神，湖南省科学技术厅首次对湖南省农业科技园区开展了以创新驱动为导向的评价工作。

　　《湖南省农业科技园区创新能力评价研究报告·2021》是在湖南省农业科技园区创新发展绩效评价的工作基础上分析研究而成，评价对象为湖南省建设的42家省级及以上园区(除了新邵省级农业科技园区以外)。本报告评价指标体系参考科技部中国农村技术开发中心编发的《国家农业科技园区创新能力评价指标体系》，结合我省实际情况，通过文献调查、园区调研、专家咨询、试点评价等方式研究形成，由创新研发能力、创新服务能力、创新带动能力、园区可持续发展、园区建设与管理5项一级指标和20项二级指标组成。

　　本报告分三大篇章对湖南省园区进行了研究和分析。第一篇为总结篇，总结了湖南省园区创新发展成效、问题，同时基于创新发展能力指标，通过聚类分析和对比分析，对不同层次、不同级别、不同地区园区群体进行研究，比较直观地对园区整体创新能力情况进行评价，并提出了推动园区高质量发展的工作建议。第二篇为能力篇，重点围绕5项一级指标下设的20项二级定性定量指标对园区进行分模块、全方位的剖析，对园区的各项创新能力发展情况进行对比评价。第三篇为园区篇，总结了 42 家园区的发展现状，并对其具体创新能力表现情况进行个性化剖析，展示园区创新发展的优劣势，提出发展建议，利于各园区之间寻找发展差距，树立科学的发展目标导向。

本报告从不同层面对湖南省园区的创新发展情况进行客观的评价，试图为各级政府部门加强对园区的管理工作提供决策支撑，为各园区管委会加强园区建设提供思路，为园区管理与研究人员提供参考，为社会各界了解和认识湖南省园区提供一个开放的窗口。

报告在研究与撰写的过程中得到了湖南省科技厅、各地市科技管理部门、各农业科技园区管委会的大力支持和积极配合，也得到了以下多位专家的关心指导：

宋　捷，国家高新区发展战略研究会常务副会长；

贺和初，湖南省科学技术情报学会研究员；

史　敏，湖南农业大学教授；

李昌珠，湖南省林业科学院研究员；

肖调义，湖南农业大学教授；

杨　涛，中南林业科技大学教授；

谢　定，长沙理工大学教授；

欧阳涛，湖南农业大学教授。

在此，谨代表编写组向他们致以诚挚的谢意！

由于首次研究撰写湖南省农业科技园区创新能力评价研究报告，研究经验与研究水平均有限，难免有疏漏和不足之处，希望有更多的团队与个人关注和加入湖南省园区创新能力评价研究的队伍中来，提供宝贵的意见和建议，共同完善评价体系和评价研究工作，共同推动和见证湖南省园区创新发展的进程。

湖南省农业科技园区创新能力评价

课题组

2022 年 04 月

目 录

第一篇 总结篇

一、湖南省农业科技园区创新发展总体情况

近年来，湖南省按照"政府引导、企业运作、社会参与、农民受益"的建设思路，持续推进国家和省级农业科技园区建设，引导各地突出县域主导产业发展，在助推脱贫攻坚、实施乡村振兴、科技成果转化应用、三产融合发展、农业高质量发展等方面发挥了重要作用。2020年全省园区共43家，其中国家级园区13家，省级园区30家①。核心区建设面积达173.34万亩，示范区面积2574.52万亩，实现总产值达3993.26亿元，同比增长6.59%，呈现出良好的发展态势。

1. 从创新研发能力来看，研发投入带动平台与产出成效明显

在企业研发投入方面，2020年各园区企业R&D总投入为146.15亿元，占园区总产值的3.66%，企业创新投入积极性较高；在园区财政科技投入方面，各园区当年政府投入中研发投入共计26.27亿元，财政研发投入支持力度大；

---

① 本报告评价对象不含新邵省级农业科技园区。

在研发平台建设方面，各园区共建有 194 家省级及以上研发平台，其中国家级研发平台 25 家；在创新产出方面，各园区累计获得省级及以上审定新品种（系）为 1290 个，有效专利数 6548 件，全年引进和推广技术、品种、设施数为 2128 个。

2. 从创新服务能力来看，科技服务体系有效支撑农村创新创业

在园区科普宣传培训方面，2020 年全省园区平均组织技术培训覆盖 7557 人次，同比增长 38.43%，技术培训覆盖面不断扩大；在创新创业孵化载体建设方面，全省园区建设有省级及以上各类孵化载体（包括科技企业孵化器、众创空间、星创天地）242 个，其中国家级孵化载体 53 个，为农业科技创新创业提供了良好的平台载体；在科技服务专家引进方面，全省园区拥有科技特派员、"三区"人才等科技服务专家 4457 人次，科技服务人才集聚效应明显。多元化的科技服务体系有效支撑农业产业化发展，全省园区建成各类农业产业示范基地 72 个。

3. 从创新带动能力来看，园区已成为培育创新主体的载体

在企业培育方面，全省园区拥有企业 1.81 万家，同比增长 23.06%；拥有省级及以上农业/林业产业化龙头企业 741 家，其中国家级农业/林业产业化龙头企业 52 家；拥有高新技术企业 880 家，科技型中小企业 1708 家。在三产融合发展方面，园区呈现出"二三一"的产业格局，一、二、三产业产值占园区总产值的比例分别为 15.94%、53.18%、30.89%；不少园区已培育形成特色明显的主特产业发展格局，望城园区形成了以蔬菜、小龙虾为主的特色农产品种养殖业，融合高端绿色食品、古镇农旅为特色的产业格局；安化园区形成了以黑茶产业为特色的完整产业链条，并融合发展茶园观光、休闲旅游。在带动就业与农民增收方面，各园区就业人员平均增长 18.37%，带动农民收入平均增长 14%。

4. 从园区管理与建设能力来看，信息化建设和政策环境日益完善

在信息化建设水平方面，76%以上的园区搭建了农业信息化服务平台，不断推进农业生产智能化、管理数据化、经营网络化；86%以上的园区建设了电商平台，加速推动农村电子商务成为数字化乡村建设的新动能、新引擎。在政策扶持方面，74%以上园区所在地政府部门出台了人才相关政策，引导农业高层次科技人才、高素质管理人才、高技能实用人才和高水平创业团队等加速向园区聚集。67%以上园区出台了财税相关政策，57%以上园区出台了土地相关政策，55%以上园区建立了产业发展专项资金，为园区产业发展和企业创新提供了良好的政策环境。

5. 从园区发展特色和模式来看，农业科技体制机制改革创新有亮点

各园区以体制机制创新为动力，不断探索创新驱动现代农业发展的特色模式，形成了一些好的经验做法和亮点模式。

湘西国家级园区的"产业扶贫"模式。 将市场和农户、企业和基地有机链接，建立"园区+产业"两级联动模式和"园区+龙头企业+合作社+农户+基地"多样化经营模式，带动农户通过流转土地挣租金、入园打工挣薪金、入股分红挣红金的"三金"模式获取收益，实现农企共赢；通过合作社的技术指导和市场支持，组织贫困户自由组合成经济联合体，发挥乡村能人和大户的传帮带作用，帮助小农户对接大市场，实现抱团致富。

永州国家级园区的"体制机制创新"模式。 按照"以镇建园、以园促镇、镇园合一"的思路探索构建了"园镇融合、园镇合一"的管理体制，永州市政府授权园区管委会行使县级人民政府经济社会和行政管理权限，托管核心区伊塘镇全建制镇，实现扁平化管理；永州市政府将园区建设任务分解落实到市直单位和所辖区政府，形成资源共享、园区共建格局；按照"小管委会、大公司"的运营机制，成立融资平台公司，实现园区开放式运行、市场化经营、企业化管理

的模式；建立园区土地银行运行机制，建立"以土地银行为基础、政府主导、市场引导、农民自愿、企业经营、良性互动、合作共赢"的土地流转模式，促进规模化、集约化经营。

6. 湖南省农业科技园区创新能力综合评价排名

基于湖南省农业科技园区创新能力评价指标体系（见附录），对湖南省农业科技园区创新能力情况进行评比（见表1），排名前3位的园区为宁乡国家级园区（第1名）、湘西国家级园区（第2名）、永州国家级园区（第3名），前11位均为国家级园区；排名末3位的园区为芷江园区（第40名）、靖州园区（第41名）、桃江园区（第42名），其中省级园区中排名第1的为浏阳园区（总排名第12）。

表1 湖南省农业科技园区创新能力综合排名表

园区名称	排名
湖南宁乡国家农业科技园区	1
湖南湘西国家农业科技园区	2
湖南永州国家农业科技园区	3
湖南怀化国家农业科技园区	4
湖南望城国家农业科技园区	5
湖南郴州国家农业科技园区	6
湖南湘潭国家农业科技园区	7
湖南益阳国家农业科技园区	8
湖南张家界国家农业科技园区	9
湖南岳阳国家农业科技园区	10
湖南邵阳国家农业科技园区	11
长沙市浏阳市省级农业科技园区	12
湖南常德国家农业科技园区	13
株洲市茶陵县省级农业科技园区	14
湖南衡阳国家农业科技园区	15

续表1

园区名称	排名
衡阳市祁东县省级农业科技园区	16
娄底市冷水江市省级农业科技园区	17
永州市祁阳县省级农业科技园区	18
湘潭市韶山市省级农业科技园区	19
岳阳市岳阳县省级农业科技园区	20
益阳市安化县省级农业科技园区	21
湘潭市雨湖区省级农业科技园区	22
衡阳市耒阳市蔡伦现代农业省级科技园区	23
娄底市涟源市省级农业科技园区	24
岳阳市临湘市省级农业科技园区	25
邵阳市邵阳县省级农业科技园区	26
永州市蓝山县省级农业科技园区	27
株洲市炎陵县省级农业科技园区	28
益阳市资阳区省级农业科技园区	29
湘西州龙山县省级农业科技园区	30
益阳市南县省级农业科技园区	31
邵阳市双清区省级农业科技园区	32
张家界市武陵源区省级农业科技园区	33
邵阳市洞口县省级农业科技园区	34
常德市安乡县省级农业科技园区	35
怀化市通道县省级农业科技园区	36
怀化市新晃县省级农业科技园区	37
湘潭市湘潭县省级农业科技园区	38
岳阳市平江县省级农业科技园区	39
怀化市芷江县杨溪河现代农业省级科技园区	40
怀化市靖州县省级农业科技园区	41
益阳市桃江县省级农业科技园区	42

二、湖南省农业科技园区聚类分析

根据 2020 年度全省园区绩效评价结果，采用 *K* 值聚类分析法将全省 42 家参评园区创新发展能力划分为创新引领区、创新稳健区、创新起步区三类。各类园区总体创新能力和分项指标如表 2 所示。

表 2　湖南省农业科技园区绩效评价 *K* 值聚类分析结果

分类	园区名称	创新研发能力	创新服务能力	创新带动能力	园区可持续发展	园区建设与管理	总体创新能力
创新引领区（13）	湘西、益阳、怀化、湘潭、邵阳、宁乡、郴州、永州、张家界、望城、岳阳、常德、衡阳国家级园区	17.74	18.82	15.41	11.69	11.79	75.45
创新稳健区（21）	茶陵、浏阳、祁东、冷水江、炎陵、耒阳、韶山、涟源、岳阳县、安化、祁阳、雨湖、蓝山、邵阳县、资阳、龙山、双清、洞口、武陵源、通道、新晃园区	15.20	15.28	13.96	12.05	9.38	65.87
创新起步区（8）	临湘、安乡、南县、湘潭县、靖州、平江、芷江、桃江园区	14.87	15.12	14.49	11.16	7.01	62.65

1. 第 I 类园区（创新引领区 13 个）

该类园区包括湘西、益阳、怀化、湘潭、邵阳、宁乡、郴州、永州、张家界、望城、岳阳、常德、衡阳 13 个国家级园区，代表了 42 家园区创新能力的最高水平，属于湖南省农业科技园区创新能力先试先行的地区。2020 年度创新引领区的总体创新能力得分为 75.45，其中创新服务能力最高，为 18.82 分，园区可持续发展能力居中，为 11.69 分。通过三类园区对比发现，创新引领区在创新研发能力、创新服务能力、创新带动能力、园区建设与管理四个分项均显著高于其他两类园区，园区可持续发展分项处于中等水平。

　　总体而言，该类园区科技成果产出率较高，有效专利数较多，科技服务专家队伍健全，新技术、新品种、新设施等集成示范力度较大，创新创业孵化能力强，是湖南省农业科技园区创新发展的样板。从总体创新能力的结构来看，13 个创新引领园区的总体创新能力得分偏倚重于创新服务能力的贡献。

2. 第 II 类园区（创新稳健区 21 个）

　　该类园区包括茶陵、浏阳、祁东、冷水江、炎陵、耒阳、韶山、涟源、岳阳县、安化、祁阳、雨湖、蓝山、邵阳县、资阳、龙山、双清、洞口、武陵源、通道、新晃 21 个园区，占总数的 50%，其中 7 个属于大湘西地区，6 个属于湘南地区，5 个属于长株潭地区，3 个属于洞庭湖地区。这些园区代表了湖南省农业科技园区的较高水平，属于湖南省农业科技园区创新能力稳步提升的园区。2020 年度创新稳健区的总体创新能力得分为 65.87，其中创新服务能力最高，为 15.28 分。通过三类园区对比发现，创新稳健区在园区可持续发展分项高于其他两类园区，在创新研发能力、创新服务能力、园区建设与管理三个分项处于三类园区中的中间水平，但创新带动能力却是三类园区的最低水平。

　　总体而言，该类园区在企业增长率、产值增长率方面表现优异；在三产融合度、园区农民增收情况、园区投入产出效益、园区就业人员增长率方面表现较好，与第一类创新引领区差距甚微；在其他大多数方面与第一类创新引领区仍存在差距，如有效专利数、省级及以上审定新品种（系）、科技推广能力等。从总体创新能力的结构来看，21 个创新稳健园区的总体创新能力得分偏倚重于园区可持续发展的贡献，创新研发能力、创新服务能力、创新带动能力有待进一步提升。

3. 第Ⅲ类园区（创新起步区 8 个）

该类园区包括临湘、安乡、南县、湘潭县、靖州、平江、芷江、桃江 8 个园区，占总数的 19%，其中 5 个属于洞庭湖地区，2 个属于大湘西地区，1 个属于长株潭地区。2020 年度创新起步区的总体创新能力得分为 62.65 分。该类园区创新带动能力与第一类创新引领区差距甚小，处于中等水平。但在创新研发能力、创新服务能力、园区可持续发展、园区建设与管理四个分项仍处于发展阶段。

总体而言，该类园区依托当地特色农业产业规模化发展，在三产融合度、园区农民增收情况方面表现优异；但其内生动力不足，在研发平台数、有效专利数、审定新品种（系）、科技推广能力、孵化载体数、科技服务专家、示范基地数、农业企业数等方面仍处于发展阶段，与第一、二类园区差距较大。创新起步区的园区需强化创新引领意识和相关工作布局，将科技成果转化、双创平台建设、农业科技企业培育等作为当前创新工作推进的重点，增强园区内生动力。

从上述聚类分析可以看出，处于创新引领区的园区在创新研发能力、创新服务能力、创新带动能力、园区可持续发展、园区建设与管理五个分项都代表了全省园区的最高或次高水平，而且各方面发展较为均衡，是园区后续科学发展的标杆与排头兵；创新稳健区具有建设发展的优势，但园区各方面发展不均衡，各项指标分化差异明显；创新起步区的园区仍处于不断建设发展阶段，园区的后续发展需要体系化推进。

三、国家级农业科技园区与省级农业科技园区创新发展比较分析

1. 国家级园区与省级园区总体评价情况

通过对比国家级农业科技园区(以下简称"国家级园区")和省级农业科技园区(以下简称为"省级园区")综合评价得分(见图1),**国家级园区与省级园区综合能力得分差距较大,国家级园区创新引领作用明显。**2020年度国家级园区绩效综合能力得分 75.45,省级园区绩效综合能力得分 64.98,相差 10.47分。**其中国家级园区得分均值高于全省园区得分均值 7.23 分,省级园区得分均值低于全省园区得分均值 3.24 分,国家级园区综合发展水平明显高于省级园区。**

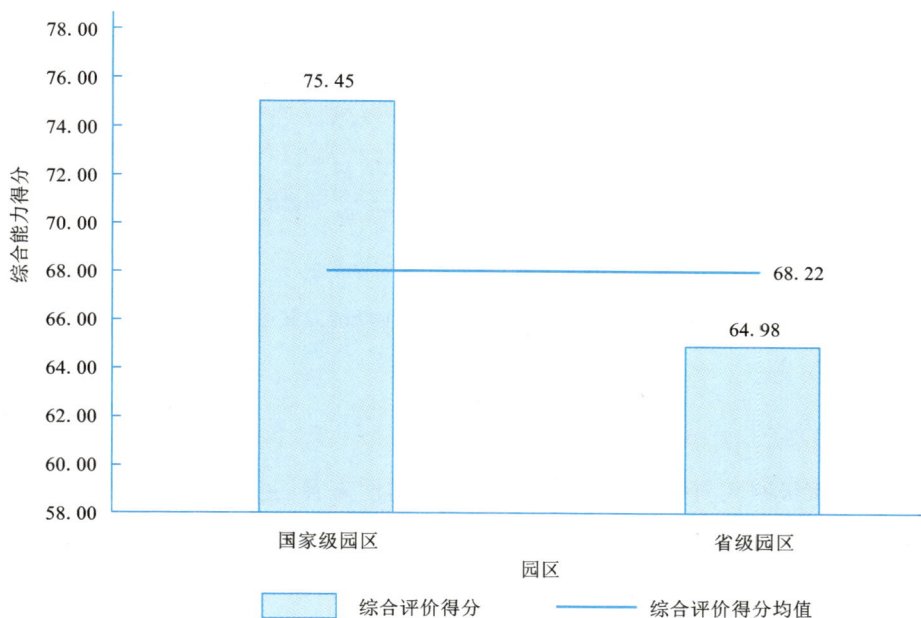

图 1　园区综合评价得分对照图

2. 国家级园区与省级园区具体差异体现

从园区分项创新能力来看(见图2),全省国家级园区整体平均得分高于省级园区。其中,国家级园区与省级园区在创新研发能力、创新服务能力、创新带动能力、园区建设与管理方面差距明显,但省级园区在园区可持续发展方面得分略高于国家级园区,这主要是因为国家级园区体量大但增速小,而省级园区体量小但后劲足。下面将从创新研发能力、创新服务能力、创新带动能力、园区可持续发展四个定量指标分析国家级园区与省级园区之间的差距体现。园区建设与管理作为定性指标无法精确地用数据衡量和考核,此次不进入定量指标分析范围。

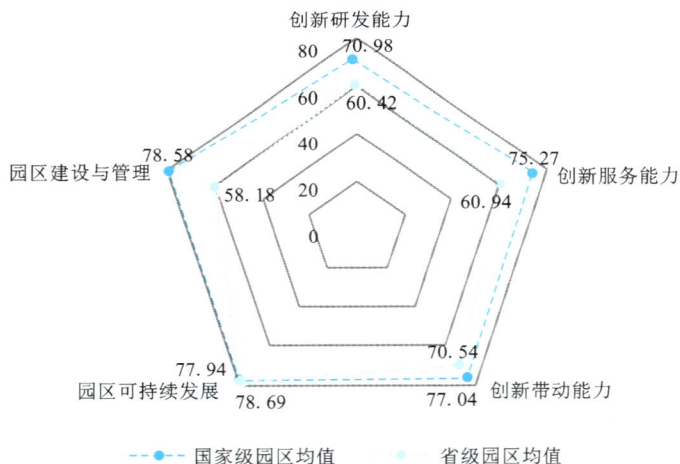

图 2　国家级园区与省级园区创新能力雷达图

(1)国家级园区创新研发能力强,创新投入和产出效果优异

从国家级园区与省级园区创新研发能力对比来看(见图2),国家级园区创新研发能力平均得分为70.98,省级园区创新研发能力平均得分为60.42,相差10.56分,差距较为明显的有政府研发投入、国家级研发平台数量、省级及以上审定新品种数(见图3)。具体表现在:一是国家级园区在研发投入方面表现

突出。国家级园区年度政府投入、当年政府研发投入分别是省级园区的 3.98 倍、8.10 倍；国家级园区年度招商引资 30.7 亿元，是省级园区的 2.29 倍；国家级园区企业年度 R&D 总投入 6.46 亿元，是省级园区的 3.02 倍。二是国家级园区在创新平台建设方面明显优于省级园区。国家级园区平均拥有国家级研发平台 1.54 个，省级园区平均拥有国家级研发平台 0.17 个；国家级园区平均拥有省级研发平台 8.92 个，省级园区平均拥有省级研发平台 1.83 个。在研发平台数量上，省级园区与国家级园区有明显差距。三是国家级园区创新成果产出和示范推广能力优势明显。国家级园区平均省级及以上审定新品种（系）78.62 个，是省级园区的 8.51 倍，国家级园区具有更强的农产品新品种研发能力；在有效专利上，国家级园区平均 243.31 件，是省级园区的 2.08 倍，国家级园区在专利成果产出优于省级园区；国家级园区平均引进和推广技术、品种、设施 103.85 个，是省级园区的 3.87 倍，国家级园区在农业科技成果转移转化与产业化方面的表现亦明显优于省级园区。

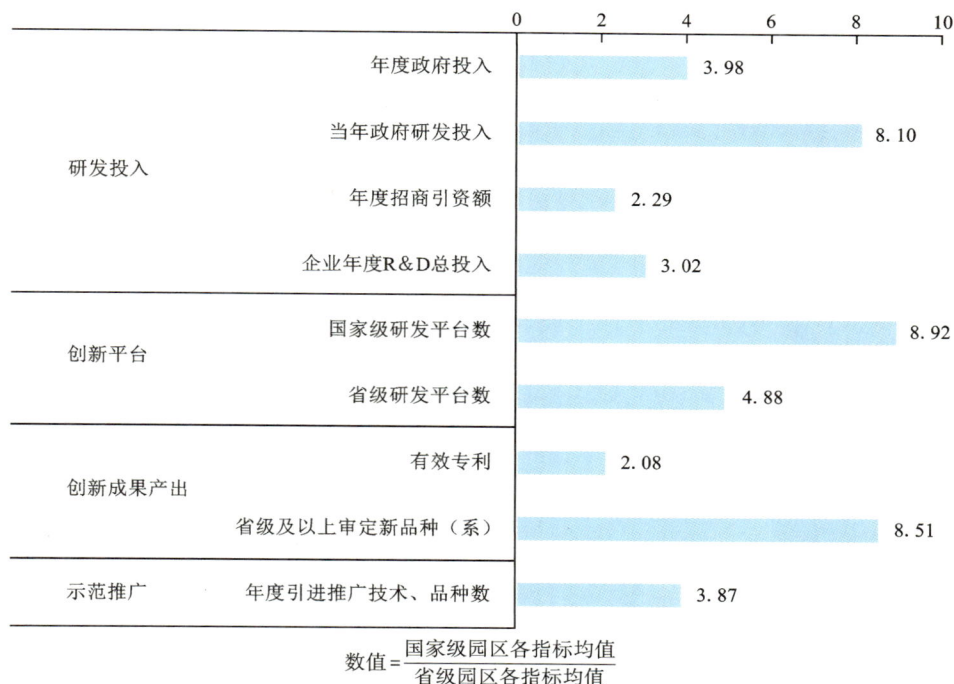

$$数值 = \frac{国家级园区各指标均值}{省级园区各指标均值}$$

图3　国家级园区与省级园区在创新研发能力方面对比图

(2)国家级园区重视基地载体建设，科技创新服务能力较强

从国家级园区与省级园区创新服务能力对比来看（见图2），国家级园区创新服务能力平均得分为75.27，省级平均得分为60.94，相差14.33分，国家级园区在创新服务能力二级指标上均明显优于省级园区，尤其在国家级孵化载体数、"三区"人才数、示范基地数等方面，国家级园区的建设成效明显优省级园区（见图4）。一是在孵化载体建设方面，国家级园区支撑科技创新创业能力高于省级园区。国家级园区平均拥有国家级孵化载体数、省级孵化载体数为2.85家、8.08家，分别是省级园区的5.16倍、2.79倍。二是在集聚科技服务专家方面，国家级园区整体优于省级园区。国家级园区平均引进科技特派员、"三区"人才为167.85人、47.69人，分别是省级园区的3.56倍、4.84倍；国家级园区的科普培训覆盖面广，平均培训人数10042人，是省级园区的1.56倍。三是在示范基地建设方面，国家级园区优势明显。国家级园区平均拥有各类示范基地数为3.62家，是省级园区的4.19倍。

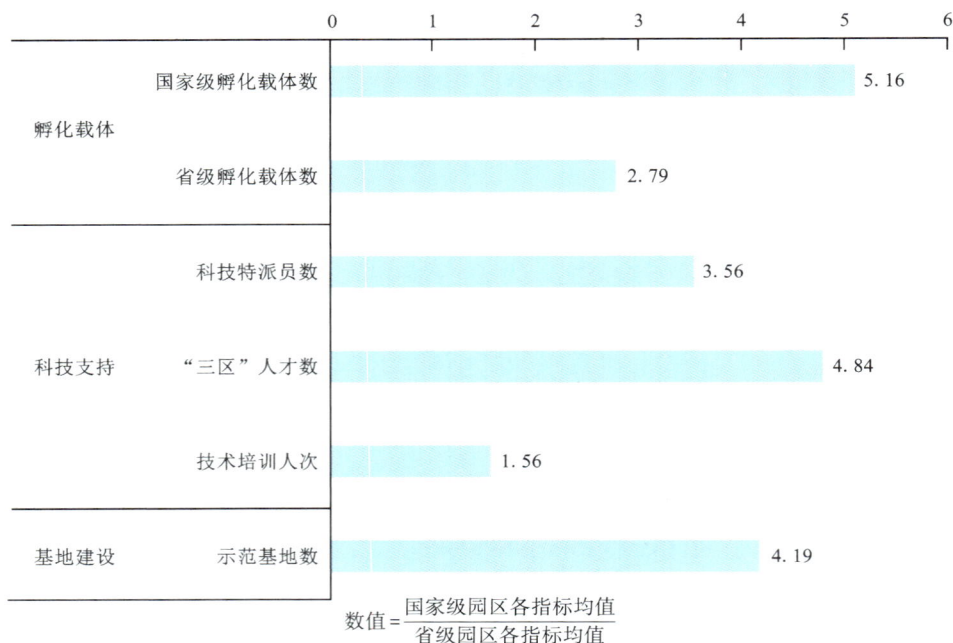

$$数值 = \frac{国家级园区各指标均值}{省级园区各指标均值}$$

图4 国家级园区与省级园区在创新服务能力方面对比图

3. 企业整体增长较快，但国家级园区增速较低

从园区企业增长率来看（见图27），湖南省42家农业科技园区企业增长率均值为23.06%，耒阳、永州等6家园区企业增长率高于平均值，除湘西、永州外，其他国家级园区企业增长率均低于平均水平，其中企业增长率最高的为耒阳园区，企业增长率达60%；靖州、岳阳等36家园区企业增长率低于平均值，其中低于平均值的国家级园区有11家，企业数量负增长的园区有1家，为衡阳国家级园区，企业数量与上一年度持平的园区有7家，为雨湖、新晃、南县、安化、武陵源、芷江、桃江园区。整体来看，省级园区企业增长率多数高于国家级园区企业增长率。

4. 园区产值总体增长较快，但部分园区降幅较大

从园区产值增长率来看（见图28），湖南省42家农业科技园区产值增长率均值为6.59%，2020年度受疫情影响，全省一、二、三产业产值增速分别为3.7%、4.7%、2.9%，可见园区的产值增长率在全省相对较高。冷水江、张家界等24家园区产值增长率高于平均值，张家界、怀化、郴州、湘西、宁乡、湘潭、邵阳、望城等国家级园区产值增长率高于平均水平，其中产值增长率最快的为冷水江园区，产值增长率达32.89%；靖州、岳阳等18家园区产值增长率低于平均值，其中低于平均值的国家级园区有5家，产值负增长的园区有5家，分别为平江、武陵源、芷江、衡阳、桃江园区，产值与上一年度持平的园区有1家，为湘潭县园区。2020年各园区在疫情下坚持打好复工复产攻坚战，保持产业和经济稳定健康发展，但同时园区产值增长两极分化严重，产值降幅较大的为桃江园区和衡阳国家级园区，降幅分别为43.11%和34.99%。

图27 各园区年度企业增长率

图28　各园区年度产值增长率

五、湖南省农业科技园区园区建设与管理评价

1.园区建设与管理评价排名

园区建设与管理是园区年度建设实际情况的综合表现,反映了各园区在主导产业发展、基础设施建设、科技成果转化应用、体制机制创新等方面的探索和成效,体现出农业科技园区对现代农业高质量发展的推动作用。园区建设与管理为定性评价指标,主要评估各园区功能区建设、信息化建设水平、现代农业产业培育、带动区域农村经济社会发展、管理体制机制创新、政策制定等方面的情况。本章从总体建设情况、园区管理机制、园区扶持政策三个方面对全省农业科技园区的综合表现进行详细分析。

从园区建设与管理能力排名来看(见表7),国家级园区大都强于省级园区。其中浏阳市省级农业科技园区表现抢眼,由于其高标准的产业布局、市场化运作的管理模式等,专家定性评分优于其他省级园区。

表7　湖南省农业科技园区建设与管理能力排名表

园区名称	园区建设与管理能力排名
湖南永州国家农业科技园区	1
湖南望城国家农业科技园区	2
湖南宁乡国家农业科技园区	3
湖南衡阳国家农业科技园区	4
湖南岳阳国家农业科技园区	5
湖南张家界国家农业科技园区	6
长沙市浏阳市省级农业科技园区	7

续表7

园区名称	园区建设与管理能力排名
湖南郴州国家农业科技园区	8
湖南湘西国家农业科技园区	9
湖南怀化国家农业科技园区	10
湖南邵阳国家农业科技园区	11
湖南湘潭国家农业科技园区	12
株洲市茶陵县省级农业科技园区	13
永州市祁阳县省级农业科技园区	14
岳阳市岳阳县省级农业科技园区	15
益阳市安化县省级农业科技园区	16
湘潭市雨湖区省级农业科技园区	17
湘潭市韶山市省级农业科技园区	18
张家界市武陵源区省级农业科技园区	19
邵阳市邵阳县省级农业科技园区	20
湖南益阳国家农业科技园区	21
湘西州龙山县省级农业科技园区	22
邵阳市双清区省级农业科技园区	23
衡阳市祁东县省级农业科技园区	24
怀化市通道县省级农业科技园区	25
湖南常德国家农业科技园区	26
益阳市资阳区省级农业科技园区	27
邵阳市洞口县省级农业科技园区	28
娄底市冷水江市省级农业科技园区	29
益阳市南县省级农业科技园区	30
娄底市涟源市省级农业科技园区	31

续表7

园区名称	园区建设与管理能力排名
株洲市炎陵县省级农业科技园区	32
永州市蓝山县省级农业科技园区	33
怀化市新晃县省级农业科技园区	34
衡阳市耒阳市蔡伦省级现代农业科技园区	35
益阳市桃江县省级农业科技园区	36
怀化市芷江县杨溪河省级现代农业科技园区	37
岳阳市平江县省级农业科技园区	38
常德市安乡县省级农业科技园区	39
怀化市靖州县省级农业科技园区	40
岳阳市临湘市省级农业科技园区	41
湘潭市湘潭县省级农业科技园区	42

2. 园区总体发展势头稳中向好

(1)产业发展和结构调整步伐加快

农业科技园区是推动农业产业升级和结构调整的重要支撑。从产业类型来看(见图29),全省各园区坚持以创新为动力,加速现代产业组织方式进入农业领域,产业类型逐步多样化,主导产业涉及粮食、果蔬、畜牧、油料、茶叶、林木等多个产业类型。产业形态由"生产导向"向"消费导向"转变,园区内果蔬、粮食、畜禽养殖等传统产业不断发展壮大,带动了旅游观光、生态休闲农业、农业服务业等产业加速成长,推动了农业农村一、二、三产业融合发展。例如:望城国家级园区形成了以蔬菜、小龙虾为主的特色农产品种养殖业,融合古镇农旅为特色的产业格局;安化园区形成了以黑茶产业为特色的完整产业链条,并融合发展茶园观光、休闲旅游。

产业是园区发展的根基,对所在区域经济发展具有引领带动作用。从产业

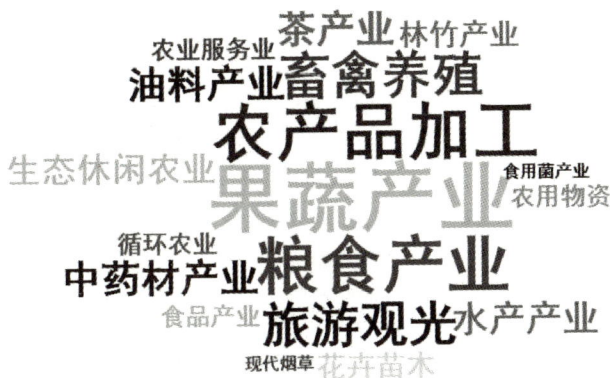

图29　全省园区主导产业分类情况

分布来看(见图30)，42 家园区中 61.9% 的园区发展具有当地特色的果蔬产业，例如，湘西国家级园区的富硒椪柑、猕猴桃；祁东省级园区的黄花菜、酥脆枣；靖州省级园区的杨梅。47.62% 的园区发展粮食产业，主要集中在洞庭湖和大湘西地区。23.81% 的园区发展中药材产业，主要集中在大湘西地区，例如，怀化国家级园区依托本地丰富的中药材资源，在农业科技园中建立了世康医药物流健康产业园、靖州茯苓科技产业园、新晃龙脑健康养生园等园中园、专业园，形成了正清风痛宁等 4 个年销售额超过亿元的中药单品。14.29% 的园区发展林竹产业，在洞庭湖地区形成了以益阳国家级园区、桃江省级园区、资阳省级园区、临湘省级园区为主的产业集群。

(2)农业信息化水平有效提升

经过不断地发展和建设，全省农业科技园区信息基础设施建设明显改善，信息化技术在园区得到应用和拓展，信息资源建设成效显现，为园区的创新发展提供了重要的交流共享平台。

在信息技术应用方面，电子商务、移动通信、QQ 群、微信公众号等平台的使用使得各园区在信息交互上得到了极大的便利，而电商平台的搭建，如淘宝、天猫、京东等为园区的发展扩展了外部空间。目前，86% 以上的园区均建设了电商平台，不断丰富直播带货、村播带货等电商销售手段，加速推动农村

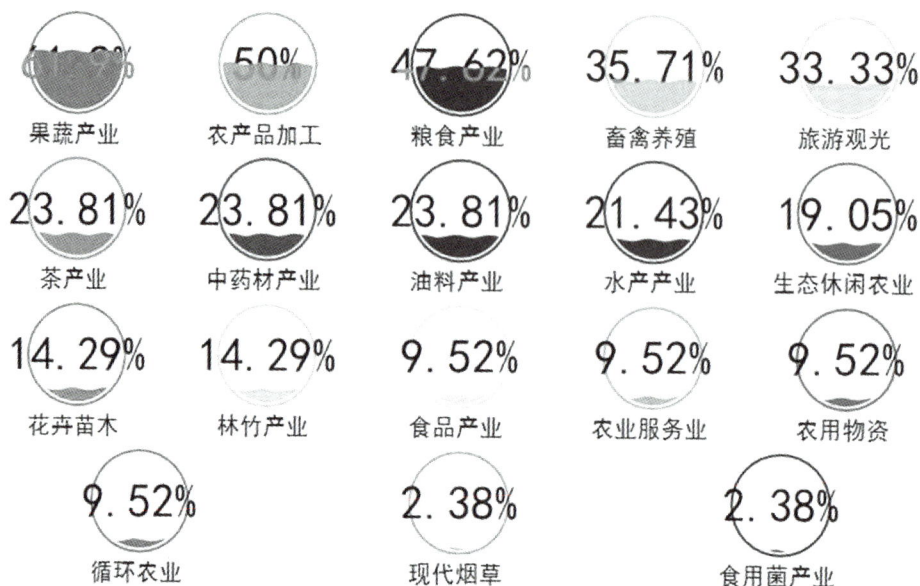

14.9%	50%	47.62%	35.71%	33.33%
果蔬产业	农产品加工	粮食产业	畜禽养殖	旅游观光
23.81%	23.81%	23.81%	21.43%	19.05%
茶产业	中药材产业	油料产业	水产产业	生态休闲农业
14.29%	14.29%	9.52%	9.52%	9.52%
花卉苗木	林竹产业	食品产业	农业服务业	农用物资
9.52%	2.38%	2.38%		
循环农业	现代烟草	食用菌产业		

图 30　全省园区主导产业集聚情况

电子商务成为数字化乡村建设的新动能、新引擎。例如：武陵源园区通过将"十里团"平台和电商服务站深度融合，积极推进中湖、湘阿妹、小背篓等农产品网红直播基地建设，形成了"进得来""出得去"的新型农业农村电商体系。

在信息资源建设方面，76%以上的园区链接了相关专业网络中心，获取多种农业信息资源，为创新主体提供了农业公共信息化服务平台，不断推进农业生产智能化、管理数据化、经营网络化。例如郴州国家级园区借助"赶分社"文化建设信息化服务中心，建设益农信息社 1654 个，县级运营中心 11 个；建立了科技成果数据库、专利数据库、新产品数据库、科技文献数据库等科技成果共享平台，构建了"网上平台"和"掌上微信平台"两大特色平台，建设了门户展示、园区管理、业务运营、智慧分析、基础运维、物联网管理六个子平台，打造了"互联网+农业信息化"综合服务平台。

3.园区管理体系与保障机制逐步完善

(1)积极探索管委会机构制度建设

园区管委会是对园区进行管理的专门机构,代表政府对园区工作实行统一领导和管理。在园区管理机构级别方面,2021 年湖南省委编办对园区开展了整合、清理、规范,园区的体制机制建设得到了规范和加强。从管理机构级别数量来看(见图 31),经湖南省委编办清理后,我省 43 家①农业科技园区中,有 17 家园区独立设置了专门的管理机构(占比 39.5%),其中国家级园区 11 家(占 13 家国家级园区的 84.6%,含 5 家副处级机构、6 家正科级机构),省级园区 6 家(占 30 家省级园区的 20%,含 5 家正科级机构、1 家副科级机构);有 24 家园区未设置独立管理机构,其中国家级园区 2 家(衡阳和湘潭园区),省级园区 22 家;另外通道、耒阳 2 家园区因管理机构作用发挥不足而被清理撤销。在专职人员配备方面,园区管委会编制数大多集中在 5~15 人,其中领导职数大多集中在 2~4 人。在体制机制创新方面,各园区在不断探索适应现代化农业农村发展的体制机制模式。例如,张家界国家级园区实行"市、区、县共建,委托永定区管理"体制;邵阳国家级园区建设了领导小组,由市人民政府市长任组长,实施"市区共建"的管理体制。

(2)引入市场化管理机制,拓宽投融资渠道

2020 年度新修订的《国家农业科技园区管理办法》提出要鼓励园区组建具有法人资格的管理服务公司或投资管理公司,发挥市场在资源配置中的决定性作用,通过市场机制推动园区发展。在投融资机制创新方面,接近半数的园区根据园区实际情况,成立了园区投融资管理/服务平台,为园区工程建设、科技研发、招商运营、企业融资提供服务,以此推动园区发展。例如:永州国家级园区探索构建了"园镇融合、园镇合一"管理体制,并按照"小管委会、大公司"

---

① 此处含新邵农业科技园区。

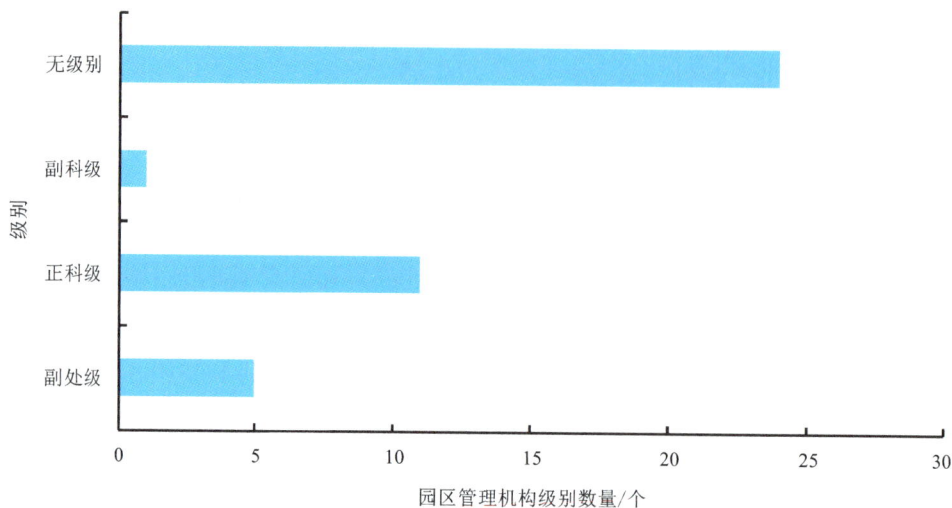

图31　全省园区管理机构级别情况

的运营机制，成立融资平台公司，实现园区开放式运行、市场化经营、企业化管理的模式。冷水江园区由园区管委会和湖南水云峰科技有限公司共同选聘相关人员，组成湖南水云峰投资建设公司的相关人员，管理园区建设资金和营运工作，运用市场经济手段，搞活园区经营，加快产业发展。

4. 园区扶持政策日益完善

园区坚持新发展理念，以推动农业供给侧结构性改革为主线，制定出台优惠政策，并推动其在园区落地生根。各农业科技园区均在积极探索和制定各具特色的优惠政策（见图32）。其中有31家园区出台了人才相关政策，引导农业高层次科技人才、高素质管理人才、高技能实用人才和高水平创业团队等加速向园区聚集。28家园区出台了财税相关政策，24家园区出台了土地相关政策，为园区发展和企业创新提供了良好的政策环境。例如，湘西国家级园区根据创新发展需求设立了科技创新发展中心、农产品质量安全检测中心、土地流转管理中心3个副科级机构，有序开展助保贷、风险补偿等金融试点，稳步推进土地流转、土地使用税奖补、人才资助、高企奖励、发明奖励等优惠政策落地。23 家园区建立了产业发展专项资金。例如，望城国家级园区 2019—2020 年度统筹市区两级产业发展专项资金 3 亿元，推进望城荷花虾产业高速发展。

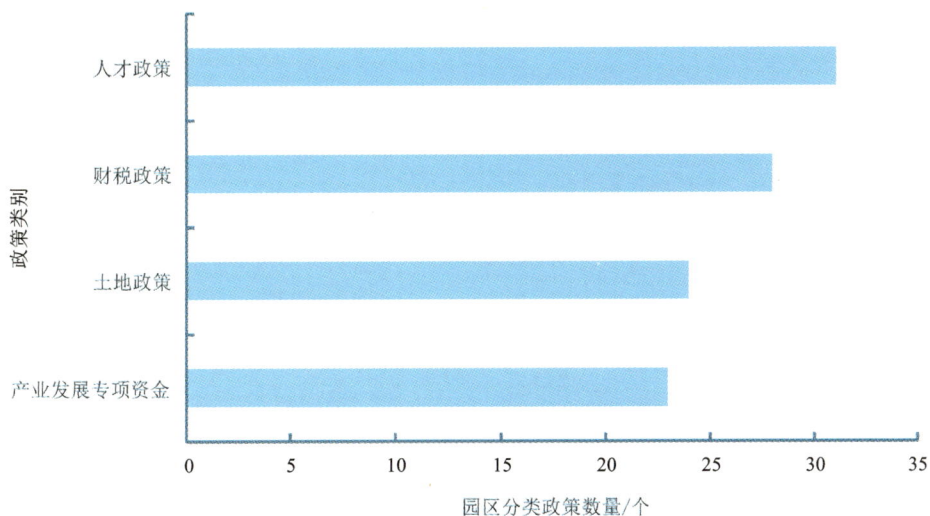

图 32　全省园区出台政策情况

第三篇　园区篇

一、国家级农业科技园区

1. 湖南望城国家农业科技园区

望城国家级园区于 2001 年 9 月获批国家级农业科技园区。园区坐落在长沙市望城区，核心区面积为 27.8 万亩。经过多年发展，园区以现代农业开发为先导，基本形成了以农产品加工、绿色蔬菜、望城荷花虾等为主导的产业，以及特色文化旅游等新型生态休闲农业产业，有效带动了农村发展；园区充分发挥国家级农业科技平台的作用，深化与湖南农业大学、湖南省农业科学院、湖南省蔬菜研究所、湖南省水产科学研究所等高校及科研院所合作，架起农业企业与高校及科研院所科技创新与成果转化的桥梁。园区着力建设成为面向长沙及洞庭湖地区集农业生产、高科技示范、都市休闲农业为一体的中部地区现代农业发展先导区、湖南省实施乡村振兴战略的示范区。

评价结果显示：望城国家级园区在园区管理建设水平、新品种培育、带动就业、农民增收、孵化载体建设等方面表现突出；在财政投入、园区示范基地建设、科技推广能力、科技人才、园区科普能力等方面表现较好；在扩大就业、研发投入等方面有待进一步加强。

据本次评价结果，建议望城园区做深以高端绿色食品、生物医药为特色的农产品加工业，做强以蔬菜、小龙虾为主的特色农产品种植、养殖业，做实以农旅融合、古镇特色为主的休闲农业；培育一批具有行业影响力的农业龙头企业，延伸上、下游产业链，支持企业加大研发投入，增强自主创新能力，提升农产品的市场核心竞争能力；充分发挥园区的资源优势和区位优势，加大力度引进和推广新品种、新设施、新技术，带动县域扩大就业，提升周边农业科技水平和农村经济的发展；积极引导各类资本参与农业示范基地建设，逐步形成产业化经营体系，促进农业高新技术转化为现实生产力，使园区成为科技与经济相结合的桥梁和纽带。

2. 湖南永州国家农业科技园区

永州国家级园区于 2010 年获批国家级农业科技园区，2011 年获批国家级农业产业化示范基地。园区总面积为 148 万亩，其中核心区面积为 12 万亩。园区立足永州特色农业资源、产业和生态优势，产业布局因地制宜，形成了绿色产业、精深加工产业、生物医药产业、生态高效种养业、现代农业服务业等多产业格局；园区基于国家级农业科技平台整合优势资源，与中国农业科学院、湖南省农业科学院等 10 所科研院所建立创新战略联盟，与永州市柑桔科学研究所、永州市林业科学研究所等国有事业科研单位建立成果产业化联盟，助力科研院所产业化、农业企业科技化。园区正努力建设成为立足湘南、领跑全省、辐射湘粤桂、对接东盟的永州市现代农业发展引擎、国家现代农业产业园、国家农业高新技术产业示范园。

评价显示：永州国家级园区在园区管理建设水平、企业孵化培育、科技推广能力、扩大就业、研发平台建设等方面表现突出；在带动就业、研发投入、农民增收、园区示范基地建设、专利产出等方面表现较好；在园区科普能力方面有待进一步加强。

建议永州园区做深精深加工、生物医药、绿色种植等特色加工业，做强以果蔬种植、功能性农作物种植与畜禽养殖为主的生态高效种养业，做实以科技服务、信息、农机、电商、物流为辅的现代农业服务业；依托园区资源禀赋和产业基础，打造优势特色主导产业，实现标准化生产、区域化布局、品牌化经营和高值化发展，培育一批产业链条完整、核心竞争力强、辐射带动能力突出的农业龙头企业；建设具有区域特点的农民技术与科普培训基地，提升农民职业技能，优化农业从业者结构，培养适应现代农业发展需要的新农民；加强测试检测、技术交易、信息服务、创新创业孵化器等创新服务平台建设，提升园区创新创业服务水平。

3. 湖南衡阳国家农业科技园区

衡阳国家级园区于 2013 年 10 月获批国家级农业科技园区。园区位于湖南中南部城市衡阳市，核心区面积为 1.43 万亩。目前园区已经形成"一区四园"的发展格局，核心区总部、粮油作物种植园、农产品加工物流园、蔬菜产业园和油茶生物产业园，粮食、油料、蔬菜三大主导产业带动力强，特色水果、特种水产、休闲农业三大特色产业特色鲜明，农产品电子商务、农业物联网、创意农业等农业新业态、新模式富有竞争力，有力地促进农业增效、农村发展。衡阳园区与科研院所和高等院校深入合作，建好用好园区科技孵化平台，与湖南省科技厅、省农委、省林业厅等部门实行"厅市共建"，与中国农业科学院、湖南农业科学院、湖南林业科学院、湖南农业大学、南华大学等 13 所国家级及省级科研院校建立了紧密的合作关系，建立了顺畅的科研成果转化通道，逐渐形成了"区域化布局、规模化经营、标准化生产、专业化服务、市场化运作"的现代农业产业体系。

评价显示：衡阳国家级园区在园区管理建设水平、园区示范基地建设、孵化载体建设、研发平台建设等方面表现突出；在投入产出效益、新品种培育、龙头企业培育、科技推广能力、专利产出等方面表现较好；在扩大就业、企业孵化培育、园区经济增长、农民增收、财政投入等方面有待进一步加强。

据本次评价结果，建议衡阳园区进一步完善"一区四园"的发展格局、强化粮食、油料、蔬菜三大主导产业带动力，优化特色水果、特种水产、休闲农业三大特色产业，创新农产品电子商务、农业物联网、创意农业等农业新业态、新模式；持续加大研发投入，培育一批产业链条完整、核心竞争力强、辐射带动能力突出的农业龙头企业；依托示范基地、农业高新技术企业、科技型涉农企业，完善成果转化的分工协作机制，加大力度引进和推广新品种、新设施、新技术，带动县域扩大就业，提升周边农业科技水平和农村经济的发展；依托园区特色主导产业，吸引有实力的农产品加工企业向产业园聚集，促进加工产业集群发展。

4. 湖南岳阳国家农业科技园区

岳阳国家级园区于 2013 年 9 月获批国家级农业科技园区。园区总面积为 3094.7 万亩，其中核心区面积为 32.7 万亩。园区布局建设分为三大功能区、六大基地，创业科研孵化区、农产品加工与物流区、休闲观光区三大功能区服务质量优，优质水稻、黄茶种植加工、苗木繁育加工、高效畜禽养殖、绿色水产、蔬菜种植六大基地带动效应强，极大地提高了经济和社会效益、增加了农民收入。近年来，园区聚焦农村改革、注重科技创新，积极探索农业创新驱动发展路径，着力做精做强现代农业，先后获得国家现代农业示范区、国家农业科技园核心区、国家农业综合标准化示范区、全国首批主要农作物生产全程机械化示范区、国家农业可持续发展试验示范区、全国农村改革试验区等国家级"金"字招牌。

评价显示：岳阳国家级园区在龙头企业培育、研发平台建设、孵化载体建设、科技人才、财政投入等方面表现突出；在园区科普能力、农民增收、带动就业、三产融合、扩大就业等方面表现较好；在科技推广能力、投入产出效益、企业孵化培育等方面有待进一步加强。

据本次评价结果，建议岳阳园区聚焦粮食及高效经济作物种植、生态养殖等特色主导产业，加大科技企业培育力度与创新平台建设，着力集聚多方资源要素，推进产学研协同，突破重大关键技术和共性技术，加速成果转化落地，助推产业转型升级；依托园区资源禀赋和产业基础，打造优势特色主导产业，实现标准化生产、区域化布局、品牌化经营和高值化发展，培育一批产业链条完整、核心竞争力强、辐射带动能力突出的农业龙头企业；加大绿色高质高效集成技术推广，围绕规模化种植、绿色防控、化肥减量增效、综合利用，引进、集成、推广一批农作物新品种、新技术、新装备，提高农业科技成果转化应用到位率；积极探索土地联户托管经营、农业科创中心+龙头企业+合作社+农户、家庭农场（种养大户）等多种经营模式，创新入园企业联农带农激励机制，建立与基地农户、农民合作社"保底+分红"等利益联结关系，实现产业融合发展，让农民共享产业增值收益。

5. 湖南湘潭国家农业科技园区

湘潭国家级园区于 2013 年正式获批国家级农业科技园区，园区规划总面积为 601.8 万亩，其中核心区面积为 1.8 万亩，示范区面积 100 万亩，辐射区面积 500 万亩。核心区采取"六区一园"的布局规划，打造"以水稻种植、生猪养殖、丘岗地油茶、花卉苗木与蚕桑种植为主，休闲农业与乡村旅游，农产品加工为核心"的六大区域农业产业链条。园区注重培育地方特色产业，依托湖南农业大学、湖南科技大学等高校及其科研院所，着力培育和助推高成长型企业，形成了特色鲜明的产业集群，提升了粮食产业的整体竞争力，推动了示范区和辐射区的农业结构调整。

评价显示：湘潭国家级园区在新品种培育、财政投入、专利产出、龙头企业培育、园区示范基地建设等方面表现突出；在园区管理建设水平、研发平台建设、园区科普能力、科技推广能力、农民增收等方面表现较好；在投入产出效益、三产融合、扩大就业等方面有待进一步加强。

据本次评价结果，建议湘潭园区聚焦水稻种植、生态养殖、农副产品深加工等特色主导产业，加强新技术、新产品研发，大力发展农副产品加工，拉长产业链条，提升农产品的市场竞争能力与产品附加值，提高投入产出收益率；加大农业高新技术企业培育力度，以高新技术企业带动高新技术成果转化和产业化，提升产业效益；加大力度引进和推广新品种、新设施、新技术，带动县域扩大就业，提升周边农业科技水平和农村经济的发展；加强智慧园区建设，完善农资电商、农产品定制与交易、农村物流、农技服务等信息化服务体系，助力农业信息化和农业现代化的融合；加快推进黄龙山农水文化生态颐养园、古龙湖小镇等农旅康养项目建设，培育发展农业科技园区文化与品牌创意产业，打造休闲农业和乡村旅游三产融合新业态。

6. 湖南湘西国家农业科技园区

湘西国家级园区于 2015 年 2 月被批准为国家级农业科技园区。园区总面积为 32 万亩，其中核心区面积为 2 万亩，主要位于花垣县，示范区覆盖吉首、保靖、永顺、龙山、泸溪、凤凰、古丈、花垣 8 个市县，辐射区拓展至湘鄂渝黔 4 省市的贫困县市区。湘西园区依托国家级园区平台优势、湘西特色生态和文化资源，聚焦湘西优质茶叶、湘西富硒椪柑、湘西富硒猕猴桃、特色蔬菜、现代烟草、特色养殖和休闲观光农业七大特色产业，育企业、建平台、聚人才，以创新推动产业的高质量发展和脱贫攻坚，建成了全球最大富硒猕猴桃基地、中国最大的椪柑和百合基地，是中国"黄金茶"之乡和全国优质烟叶基地。

评价显示：湘西国家级园区在园区科普能力、孵化载体建设、龙头企业培育、科技人才、带动就业等方面表现突出；在园区经济增长、专利产出、研发投入等方面表现较好；在农民增收、扩大就业、三产融合、投入产出效益等方面有待进一步加强。

据本次评价结果，建议湘西园区加大园区财政科技投入力度，进一步完善多元投入机制，引导企业和社会资本加大研发投入，增强企业自主创新能力；聚焦湘西优质茶叶、湘西富硒椪柑、湘西富硒猕猴桃等重点产业，加强新技术、新产品研发，提升农产品的市场竞争力与产品附加值，提高投入产出收益率，加大力度引进和推广新品种、新设施、新技术，带动县域扩大就业；充分发挥三产融合发展示范区的引领作用，加大区域农业文化、特色农产品品牌建设与推广力度，推进农旅休闲、农资电商、农产品物流等现代服务业的发展；积极引导各类资本参与农业示范基地建设，逐步形成产业化经营体系，带动农业增效、农民增收。

7. 湖南常德国家农业科技园区

常德国家级园区于 2015 年 2 月获批国家级园区，园区按照"一区三园六基地"模式进行建设，核心区分成"三园"，面积为 3.5 万亩，建设地点分别位于西城新区、西洞庭管理区及西湖管理区；辐射区主要包括常德全市的其他县（区），以及湖南益阳、张家界等市，湖北松滋、公安、枝城等县。园区油菜、水稻、柑橘、蔬菜标准化覆盖率达 70%，烟叶、茶叶、葡萄基本实现标准化，拥有农业标准化基地 200 个，绿色食品原料标准化基地 106 万亩，核心区构建了以粮油、蔬菜、畜牧等为主的农副产品精深加工区和生态种养区。近年来，园区积极打造农业与文化生态休闲旅游融合发展新业态，涌现出了华诚彭山、西湖牧业小镇、柳叶湖河洲甲鱼等一批品牌知名度高、带动能力强的现代农庄。

评价显示：常德国家级园区在园区示范基地建设、科技推广能力、研发平台建设、投入产出效益、孵化载体建设等方面表现突出；在科技人才、新品种培育、专利产出、园区管理建设水平、财政投入等方面表现较好；在园区科普能力、研发投入、扩大就业、园区经济增长、企业孵化培育等方面有待进一步加强。

据本次评价结果，建议常德园区加大研发投入力度，进一步完善多元投入机制，引导企业和社会资本加大研发投入；聚焦粮油、蔬菜、畜牧等重点优势产业，依托园区资源禀赋和产业基础，打造优势特色主导产业，实现标准化生产、区域化布局、品牌化经营和高值化发展，培育一批产业链条完整、核心竞争力强、辐射带动能力突出的农业龙头企业；加强产学研合作力度，加大特色优势产业新品种选育和新技术研发，加大力度引进和推广新品种、新设施、新技术，带动县域扩大就业，实现产业发展和经济增长迈上新台阶；加大科技政策宣讲与技能培训力度，依托科技特派员、"三区"人才等专家人才队伍，加强对乡土人才、职业农民、致富带头人的培训指导，培养能引领或带动当地农业产业发展的科技人才队伍；积极引导各类资本参与农业示范基地建设，逐步形成产业化经营体系，带动农业增效、农民增收。

8. 湖南怀化国家农业科技园区

怀化国家级园区于 2015 年 2 月由国家科技部批准建立，核心区面积为 2.1 万亩，主要分布于鹤城区垅院街道办事处、中方县中方镇和桐木镇的 18 个行政村范围内。园区立足怀化资源禀赋，布局形成了"一主两辅三产融合"产业发展格局，即以生态中药材（中医药健康）产业为主导产业，协同发展粮食作物（杂交水稻）精细制种、优质果蔬种植及精深加工产业，并形成较完整的三产融合发展产业链条。经过多年发展，园区产业不断壮大，企业不断做强，带动怀化当地农业乃至武陵山片区农业结构调整和农民增收，经济效益和社会效益显著提升。

评价显示：怀化国家级园区在龙头企业培育、研发平台建设、孵化载体建设、研发投入、园区管理建设水平等方面表现突出；在园区示范基地建设、园区经济增长、财政投入、投入产出效益、扩大就业等方面表现较好；在园区科普能力、农民增收、企业孵化培育等方面有待进一步加强。

据本次评价结果，建议怀化园区围绕生态中药材（中医药健康）全产业链发展，打造优势特色主导产业，实现标准化生产、区域化布局、品牌化经营和高值化发展，加大科技型中小微企业和高新技术企业培育和引进力度，培育一批产业链条完整、核心竞争力强、辐射带动能力突出的农业龙头企业；以怀化道地药材为载体，继承和创新发展中药材精深加工，提高生态中药材产业的综合生产能力和竞争力；加大园区科普基地建设与科普宣传力度，充分发挥中药材产业示范园、九丰现代农业博览园等基地在推进园区传统农业向现代农业转型发展实践中的示范带动作用，助力怀化园区打造地方特色品牌，吸引不同群体到基地培训、观光、休闲、体验；加大园区内城乡居民就业创业扶持力度，建立健全促进创业带动就业、多渠道灵活就业机制，促进产业经济与农民增收的协同发展。

9. 湖南邵阳国家农业科技园区

邵阳国家级园区于 2015 年获批国家级园区，园区总面积为 36.75 万亩，其中核心区面积为 3.3 万亩。近年来，邵阳园区围绕果蔬、花卉苗木、健康养殖、物流加工 4 大特色优势产业，不断完善农业产业链条，增强科技创新能力，提高科技成果转化率，推动三产融合发展，在带动区域农业农村发展与农民就业增收方面取得了较好的成效，2019—2020 年度实施重点项目 9 个，引进(推广)新技术、新品种、新设施 40 个，建成湘西精品旅游线路村 5 个、国家旅游扶贫重点村 3 个，吸纳就业 6.1 万人，带动近 10 万名农民致富；园区努力打造成高效率高价值农业产业综合体，引领邵阳农业转型升级，推动邵阳市从农业大市向农业强市迈进。

评价显示：邵阳国家级园区在科技人才、园区示范基地建设、科技推广能力、投入产出效益、孵化载体建设等方面表现突出；在扩大就业、园区管理建设水平、新品种培育、研发平台建设、企业孵化培育等方面表现较好；在农民增收等方面有待进一步加强。

据本次评价结果，建议邵阳园区引导企业持续加强研发投入，建立健全研发和知识产权管理体系，加强发明专利、技术标准、动植物新品种(系)等知识产权的创造、保护和利用，形成一批具有自主知识产权的核心技术和产品，提升高新技术产品价值创造力；加大龙头企业培育力度，推动具有核心竞争力和市场占有率的农业科技龙头企业成长为农业高新技术企业；聚焦"八大基地"布局，大力发展规模化、标准化生产，完善加工储运和信息服务功能，加强品牌营销，提高产品附加值，形成规模集聚和品牌效应，做大产业规模；积极开展技术培训、创新创业、企业孵化、信息交流、投融资等一体化服务，加强先进实用技术集成示范，打造科技精准扶贫模式，发挥园区窗口效应和带动作用；加大园区内城乡居民就业创业扶持力度，建立健全促进创业带动就业、多渠道灵活就业机制，促进产业经济与农民增收的协同发展。

10. 湖南宁乡国家农业科技园区

宁乡国家级园区于 2015 年获批国家级园区，园区总面积为 52.5 万亩，其中核心区面积为 2.5 万亩。园区坚持科技兴园、产业强园，基本形成了以农产品精深加工为主导，以高效种植、特色养殖、观光旅游为辅助的"1+3"产业格局。园区集聚了食品及农产品精深加工企业 150 家，培育了"中国酱油第一股"加加食品、"上市鸭脖"绝味食品等企业，湖南优氏乳业、金健速冻食品、金健米制品等一批拥有高新技术含量的农业龙头企业入驻园区。近年来，园区以创新驱动发展战略和乡村振兴战略为引领，积极融入长江经济带、中部地区崛起、湖南"三高四新"、长株潭一体化等战略布局，为打造湖南乃至中部地区丘陵山区农业产业转型升级样板、现代农业发展新高地，保障国家粮食安全，建设全国乡村振兴示范区和科技创新高地转化区提供了有力支撑。

评价显示：宁乡国家级园区在农民增收、新品种培育、专利产出、园区管理建设水平、投入产出效益等方面表现突出；在龙头企业培育、园区科普能力、孵化载体建设、带动就业、园区经济增长等方面表现较好；在企业孵化培育、财政投入、科技人才、研发投入等方面有待进一步加强。

据本次评价结果，建议宁乡园区继续以农业科技创新为引领，加大园区财政科技投入力度，进一步完善多元投入机制，引导企业和社会资本加大研发投入，加大科技型中小企业和高新技术企业培育和引进力度，培育一批产业链条完整、核心竞争力强、辐射带动能力突出的农业龙头企业；支持龙头企业申报高新技术企业，申报国家、省、市科技计划项目；支持园区企业与高等院校、科研机构、专家团队等建立紧密型合作关系，通过建设示范基地、共建研发平台、开展项目合作等方式，引进一批新技术、新品种和新产品，推进科技推广与成果转化；加大园区内城乡居民就业创业扶持力度，建立健全促进创业带动就业、多渠道灵活就业机制，优先吸纳园区周边有意愿参与就业的农户和低收入群体入园就业，促进农民就业与增收。

11. 湖南郴州国家农业科技园区

郴州国家级园区是 2015 年科技部认定的第七批国家农业科技园区建设单位之一。园区总面积为 93.6 万亩，其中核心区面积为 3.6 万亩，规划形成了"一心五园一轴"的功能布局。园区大力发展循环农业、农旅一体生态农业，形成了以万华生态板材、凯迪绿色能源等为龙头的农作物废弃物资源化生态农业；以温氏畜牧、神乐生态庄园、四季果业为龙头的种养结合、立体循环农业；以稻田公园为主体的农旅一体农业。园区投入产出效益明显，辐射带动郴州市现代农业增产增效。2020 年度，园区总投入 188250 万元，实现总产值 647460 万元，同比增长 11.1%；营业收入达到 658225 万元，同比增长 13%，实现利税 32900 万元。

评价显示：郴州国家级园区在科技推广能力、科技人才、专利产出、园区示范基地建设、新品种培育等方面表现突出；在投入产出效益、研发平台建设、园区经济增长、孵化载体建设、企业孵化培育等方面表现较好；在园区科普能力、农民增收等方面有待进一步加强。

据本次评价结果，建议郴州园区立足现有循环农业、农旅一体化的基础优势，继续围绕粮油、中药材、特色园艺、生态健康养殖等重点领域，大力发展延伸上、下游产业链，构建生产、加工、资源利用、物流、销售、旅游、品牌、科技于一体的全产业链，实现农村三产融合发展；积极申报建立新型职业农民培训基地，增强园区培训能力，通过开展实地指导、技术培训，提升农民职业技能，培养更多爱农业、懂技术、善经营的新型职业农民和新农人；将产业链主体留在各县域，让农民更多地参与到园区建设与发展中，在产加销、贸工农一体化发展中共享到更多的产业增值收益，促进农村经济发展，带动农民丰产增收。

12. 湖南张家界国家农业科技园区

张家界国家级园区于 2018 年被科技部批准列为第八批国家农业科技园区，园区规划总面积 35 万亩，其中核心区面积 5 万亩，示范区面积 30 万亩，辐射区覆盖全市。园区依托优质旅游资源，发挥地理标志产品优势，培育壮大了生态休闲农业、精品果蔬茶种植业、特色生态养殖业、道地药材业和旅游商品业五大主导产业，形成多产业交融互补的良好格局，建成了五大产业集群。截至2020年底，入驻园区的企业有113家，其中国家、省龙头企业17家，高新技术企业16家，科技型中小企业32家，上市公司3家。近年来，园区积极探索产城融合发展新模式，建设的湖南省人民政府重点工程农旅融合发展实践平台——张家界旅游商品产业园，获批全国三产融合发展先导区。

评价显示：张家界国家级园区在财政投入、园区经济增长、园区科普能力、研发平台建设、园区管理建设水平等方面表现突出；在龙头企业培育、农民增收、带动就业、三产融合、研发投入等方面表现较好；在投入产出效益、专利产出等方面有待进一步加强。

据本次评价结果，建议张家界园区聚焦生态休闲农业、精品果蔬茶种植业、特色生态养殖业、道地药材业等主导产业，大力招引一批平台型、科技型企业，构建农业高新技术研发、孵化、转化产业链，不断提升园区科技研发、成果转化的能力，优化农业产业结构，促进园区的高质量发展；积极引导企业建立健全技术研发和知识产权管理体系，加强发明专利、技术标准、动植物新品种（系）等知识产权的创造、保护和利用，形成一批具有自主知识产权的核心技术和产品，提升高新技术产品价值创造力；引进、集成、运用、示范推广一批新品种、新技术、新装备，提升农产品的市场竞争力与产品附加值，提高投入产出收益率；继续立足旅游优势，推进农业与休闲旅游、文化创意、健康养生等的深度融合，完善休闲农业和乡村旅游服务设施，推动休闲农业经营收入的增长和接待能力的持续提高。

13. 湖南益阳国家农业科技园区

益阳国家级园区于2020年正式获批国家级农业科技园区，园区以赫山省级农业科技园区为主体创建，其中核心区面积为1.15万亩，核心区、示范区规划总面积为66.75万亩，辐射区覆盖益阳全市。园区以优质水稻为主导产业，推动产业聚集和产业链延伸，大力发展茶叶等特色产业，全力打造优质水稻全产业链农业科技集成展示园和茶叶示范特色园，推动益阳由传统农业大市向现代农业强市转变。近年来，园区重点引进和培育科技力量雄厚的企业，引导企业进行技术创新和产品开发以及新技术示范，逐渐形成了农业科技企业集聚区。同时，园区科技创新投入不断增加，创新能力逐年增强，培育了一批科技型企业，开发了一批科技新产品，形成了一批科技成果和专利，建立了一批科技创新平台，产生了显著的经济和社会效益。

评价显示：益阳国家级园区在扩大就业、带动就业、孵化载体建设、研发平台建设、龙头企业培育等方面表现突出；在园区科普能力、科技推广能力、研发投入、三产融合、投入产出效益等方面表现较好；在园区经济增长方面有待进一步加强。

据本次评价结果，建议益阳园区围绕优质水稻、茶叶、竹等特色产业，加大新品种选育和新技术研发，改善农产品品种，提升品质，推进产业链向中高端延伸，增加品牌影响力和附加值；积极引导各类资本参与园区建设，逐步形成产业化经营体系，促进农业高新技术转化为现实生产力，使园区成为科技与经济相结合的桥梁和纽带；推动建立科研院所+农技推广体系+示范基地+新型经营主体的成果转化新模式，促进农业科技资源上、中、下联动，引进、集成、推广一批农作物新品种、新技术、新装备，加速农业科技成果转化应用；搭建具备职业农民培训、科技服务超市、金融服务等功能的公共服务中心；依托农业科技园区示范基地、龙头企业、科技特派员等，加大产业扶贫与农业培训力度；建立健全促进创业带动就业、多渠道灵活就业机制，促进产业经济与农民增收的协同发展。

二、省级农业科技园区

1. 长沙市浏阳市省级农业科技园区

浏阳省级园区位于湖南浏阳东郊古港、沿溪两镇交界处，规划总面积为

10290.45亩，基本形成了以健康食品为主导产业，融居住、休闲与公共服务功能于一体的两型生态园区。近几年来，园区依托当地优质农产品资源丰富及劳动力丰富的优势，聚力发展绿色食品产业，通过农业产业化龙头企业的带动，打造了粮油深加工、饮料营养食品加工、农副产品加工、食品原辅材料加工四大基地。同时，不断延伸产业链条，推动了农产品加工、冷链物流、生态旅游等产业融合发展，加快了农业产业升级和结构转型。积极推行"基地+农户+公司"一体化经营模式，带动了整个浏阳及周边县市的"三农"发展，彰显出了良好的经济、社会、生态效益，成为长沙东部经济增长新引擎。

评价结果显示：浏阳市园区在三产融合、农民增收、园区管理建设水平、园区示范基地建设等方面表现突出；在科技推广能力、专利产出、投入产出效益、龙头企业培育、财政投入等方面表现较好；在科技人才、孵化载体建设等方面有待进一步加强。

据本次评价结果，建议浏阳园区聚焦健康食品优势主导产业，加大技术创新和产品研发力度，立足健康食品产业链发展需求，着力打造星创天地、众创空间、企业孵化器等"双创"孵化载体，培育一批技术水平高、成长潜力大的科技型企业，形成农业高新技术企业群；引导科技、信息、人才、资金等创新要素向园区集聚，加强产学研协作和交流，引导科技专家和人才团队下沉农业企业；加大应用型乡村振兴人才培养力度，探索新型培训机制，开展新型职业农民培训，打造一支有文化、懂技术、会经营、善管理的新型职业农民队伍。

2. 衡阳市祁东县省级农业科技园区

祁东省级园区位于湘江中游北岸，承接珠三角、配套长株潭、串联湘贵桂，园区总面积为17.5万亩。园区结合祁东特色农业资源及生态环境，将黄花菜、祁东脆枣作为特色农产品，脆枣和黄花菜被认定为原产地域保护产品，祁东被认定为"全国黄花菜原产地"，同时为推动农业绿色发展、融合发展、高效发展，与多所企业合作建成示范种植区，建立农产品溯源体系，实现农产品质量安全可追溯，深度挖掘祁东黄花菜的文化内涵，开发"黄花仙子起舞百里花海"乡村精品旅游线路。园区以特色农业为第一产业，以农副产品精深加工为第二产业，以乡村旅游、电子商务等现代服务业为第三产业，实现农业现代化和新型工业化，致力于将园区打造为中国丘陵区特色农业自主创新示范区。

评价结果显示：祁东园区在园区示范基地建设、专利产出、研发投入、三产融合等方面表现突出；在企业孵化培育、园区科普能力、新品种培育、孵化载体建设、科技推广能力等方面表现较好；在财政投入、园区经济增长、带动就业等方面有待进一步加强。

据本次评价结果，建议祁东园区按照"一区一主导产业"的定位，继续加强黄花菜主导产业优势，完善农产品溯源体系建设，提高农产品竞争力；持续加大财政性科技经费支持力度，构建园区投入长效机制，加强与政府、银行的合作，吸引资本向园区聚集，引导风险投资、保险资金等各类资本为符合条件的农业高新技术企业融资提供支持；加大园区创新平台建设，支持园区内市级工程技术研究中心、工程实验室打造升级为省级工程技术研究中心、省级工程实验室，鼓励企业通过自建、联建或与高校、科研院所共建等方式，构建新型农业技术研发和产业孵化机构；加强新型农业技术研发及产业关键共性技术研究，加大力度引进和推广新品种、新设施、新技术，带动县域扩大就业，提升周边农业科技水平，促进农村经济高质量发展。

3. 衡阳市耒阳市蔡伦省级现代农业科技园区

蔡伦现代农业省级园区，位于耒阳市蔡子池街道办事处，107 国道耒阳段以东，总规划面积为 20 万亩。园区大力发展现代农业，引进湖南省林科院高产油茶新品种和筛选蓝莓种植品种，实行规范化种植、标准化管理，农产品全部达到无公害标准，部分达到绿色、有机食品标准，建成集农产品精深加工、销售、仓储、包装、运输于一体的现代农业科技示范园区；同时注重利用科技人才资源，与天津科技大学、湖南农业大学等高校及科研院所结成科研、产业化合作伙伴，组建科技扶贫专家服务团，建立事业单位人员到乡村和企业挂职、兼职创新创业制度，健全了农业科学技术服务体系；依托"公司+基地+农户""公司+农户"等新形式，持续辐射带动园区发展。

评价结果显示：耒阳园区在企业孵化培育、研发投入、专利产出、扩大就业、新品种培育等方面表现突出；在孵化载体建设、园区管理建设水平、科技人才、科技推广能力、园区示范基地建设等方面表现较好；在三产融合、投入产出效益、带动就业、研发平台建设等方面有待进一步加强。

据本次评价结果，建议耒阳园区创新金融扶持政策，多措并举引导社会资本向园区聚集，支持园区企业建设高水平研发平台，建立健全研发和知识产权管理体系，加强发明专利、技术标准、动植物新品种（系）等知识产权的创造、保护和利用，形成一批具有自主知识产权的核心技术和产品，提升高新技术产品价值创造力；推进园区农产品加工集群化发展，依托油茶、蓝莓等特色主导产业，引导加工企业向产业园聚集，培育一批产业链条完整、核心竞争力明显、辐射带动能力强的农业龙头企业，促进农产品加工产业集群发展，扩大就业，推动园区高质量发展；加大区域农业文化、特色农产品品牌建设与推广力度等，推动农旅休闲、农资电商、农产品物流等现代服务业的发展，推进农业三产融合发展，实现农业产业转型升级。

4. 益阳市安化县省级农业科技园区

安化省级园区以国道 536 为轴线，东起小淹镇长冲社区村，西至马路镇碧丹村，总面积为 8.7 万亩。园区立足安化资源和黑茶品牌优势，培育黑茶产业集群，建成国家级标准茶园及省级现代农业特色产业园，打造标准化安化黑茶原料基地；不断发展延伸优势产业链，建成黑茶制造业初加工、精深加工链条式产业，并将黑茶精深加工后提取物用于加工牙膏等日用品；按照"茶旅结合"模式，大力发展传统制茶工艺表演、茶园观光等休闲旅游，促进三产深度融合，引领全国黑茶产业发展；园区培育家庭农场、农民合作社等新型农业经营主体，为当地农民创造更多就业机会，带动农民稳定增收。

评价结果显示：安化园区在扩大就业、三产融合、财政投入等方面表现突出；在带动就业、研发平台建设、农民增收、园区管理建设水平、科技人才等方面表现较好；在园区经济增长、企业孵化培育、投入产出效益等方面有待进一步加强。

据本次评价结果，建议安化园区继续发扬黑茶产业优势，打造安化黑茶特色农产品品牌，创新品牌营销策略，结合"一带一路"建设和"走出去"战略，提升产业国际竞争力，加速园区经济增长；建设孵化平台，引进科技型企业，构建农业高新技术研发、孵化、转化产业链，不断提升园区科技研发、成果转化的能力，促进园区的高质量发展；积极引导企业建立健全技术研发和知识产权管理体系，加强发明专利、技术标准、动植物新品种（系）等知识产权的创造、保护和利用，形成一批具有自主知识产权的核心技术和产品，提升产品的市场竞争能力与产品附加值，提高投入产出收益率；加大园区科普教育基地建设与农业技能培训力度，依托中国黑茶博物馆等科普场馆，开展安化黑茶文化科普教育活动，加大黑茶文化的宣传与推广；支持龙头企业创新发展、做大做强，围绕龙头企业，集聚中小企业为其配套或进行下游产品深加工或物流配送，打造以龙头企业为中心的辐射式产业集群。

5. 益阳市南县省级农业科技园区

南县省级园区位于湖南省益阳市南县，园区总规划面积超过 198 万亩。园区利用南县自然环境优势，大力发展以稻虾米、稻虾、稻龟为主的生态种养；通过与农产品加工龙头企业和粮食专业合作社的合作进行精深加工，提升农产品附加值；并结合园区生产特点，发展水产养殖体验馆、生态休闲观光农业，目前已将种养业与农产品加工、生态旅游相融合，促进农业产业结构的优化。同时，园区与湖南农业大学、湖南省农科院等科研院校实行"院县共建"，建立完备的产学研体系，取得几十项科技成果，建立完善农业推广体系，促进科技成果在园区的熟化和转化，并获得省市相关奖励；园区将先进营销理念运用于产品销售上，现农产品已远销 30 多个国家和地区，为长江经济带和洞庭湖生态经济区发展提供经验和示范带动作用。

评价结果显示：南县园区在三产融合、农民增收等方面表现突出；在新品种培育、园区示范基地建设、园区科普能力、科技推广能力、财政投入等方面表现较好；在科技人才、研发投入、扩大就业、企业孵化培育、研发平台建设等方面有待进一步加强。

据本次评价结果，建议南县园区建立以市场为导向、以企业为主体、产学研紧密结合的技术创新体系，加大研发投入力度，创新金融扶持政策，引导社会资本在园区参与科技投资，支持企业搭建研发平台，加大关键技术攻关；引导科技、信息、人才等创新要素向园区聚集，鼓励企业通过自建、联建或与高校、科研院所共建等方式，建立技术创新中心、新型产业技术研发机构等研发平台；打造专业化孵化载体，着力培育更多竞争力强、成长性好的农业科技型中小企业和高新技术企业，推动产业竞争力整体跃升；依托入园农业龙头企业、家庭农场、种养大户等，大力发展新型农村合作经济，优化农业产业结构，带动农村扩大就业，促进农村经济发展，带动农民丰产增收。

6. 株洲市茶陵县省级农业科技园区

茶陵省级园区位于湖南省株洲市茶陵县，园区总规划面积为325万亩。园区结合当地农业特色产业基础优势，形成了茶陵"三宝"（紫皮大蒜、生姜、白芷）、油茶、茶叶、烟叶、茶陵黄牛等产业格局，其中茶陵黄牛已获得"地理标志"；园区探索构建高附加值农产品加工农业新格局，建成五个大型农产品加工企业，园区内多个企业被评为省级、市级龙头企业；园区依托生态和山水优势，不断促进产业升级与融合发展，将炎帝的农耕文化、康养休闲文化、研学旅游文化融为一体，目前云阳山已成为国家4A级景区。同时，园区与省内外高校、科研单位一起组建了专家服务团队，形成了科技特派员工作机制，初步形成"公司+科技特派员+农户"运行实体，打造具有茶陵特色的农业科技园区。

评价结果显示：茶陵园区在企业孵化培育、财政投入、科技推广能力、园区示范基地建设、龙头企业培育等方面表现突出；在园区经济增长、带动就业、园区管理建设水平、新品种培育、研发投入等方面表现较好；在投入产出效益、三产融合等方面有待进一步加强。

据本次评价结果，建议茶陵园区引导科技、信息、人才、资金等创新要素往园区聚集，加强与省市级科研院校的合作，共建试验示范、技术推广基地，鼓励园区龙头企业与高校院所共建创新载体，发展面向市场的新型农业技术研发、成果转化和产业孵化机构，提高投入产出收益率；打造星创天地等孵化载体，着力培育更多竞争力强、成长性好的农业科技型中小企业和高新技术企业，推动产业竞争力整体跃升；做强做大以茶陵"三宝"、茶陵黄牛等为主的特色产业，扩大地域品牌知名度，延伸发展电子商务、物流仓储、休闲农业等农业服务业，推动三产融合发展。

7. 株洲市炎陵县省级农业科技园区

炎陵省级园区位于株洲市炎陵县霞阳镇，园区总规划面积为 31.85 万亩。园区已形成工农并重、齐头并进的发展格局，现有多家工业企业、中小企业和电商企业，中小企业创业园和电商园产值占全县规模以上工业产值比例 30% 以上，株洲欧科亿数控精密刀具股份有限公司是全国贫困县中的第一家科创板上市企业；园区发展特色农业产业，炎陵黄桃、炎陵白鹅都被评为"地理标志产品"，并积极发展农产品加工、现代信息与物流等新兴产业，电商渠道销售黄桃比例达 70% 以上；园区利用现有旅游文化资源，大力发展特色旅游，野生云锦杜鹃花、神龙谷、炎帝陵吸引了全国各地的游客，炎帝陵风景区升级为株洲市唯一一家 5A 景区，实现三产协同发展。

评价结果显示：炎陵园区在园区科普能力、企业孵化培育、孵化载体建设等方面表现突出；在扩大就业、投入产出效益、科技人才、专利产出、带动就业等方面表现较好；在农民增收、研发平台建设、园区管理建设水平、园区经济增长等方面有待进一步加强。

据本次评价结果，建议炎陵县园区吸引科技、信息、人才、资金等创新要素往园区聚集，鼓励企业通过自建、联建或与高校、科研院所共建等方式，建立技术创新中心、新型产业技术研发机构等研发平台；加快推进土地向龙头企业、合作社、家庭农场等新型经营主体流转，推动产业园规模经营，聚焦粮食种植、禽畜养殖等特色主导产业，引导龙头企业、农村专业合作社、家庭农场等新型经营主体合作建设优质品种示范基地；结合园区农业实际，大力发展农产品深加工产业和生态休闲观光产业，促进三产融合发展，积极探索农民增收增效的途径，逐步缩小城乡差距，推动园区经济增长。

8. 怀化市通道县省级农业科技园区

通道省级园区于 2014 年获批成为省级农业科技园，位于湖南省怀化市通道侗族自治县万佛山镇，规划总面积为 18.45 万亩。园区依托当地资源禀赋，发展以铁皮石斛、钩藤、青钱柳为代表的中药材产业，以兔、甲鱼为代表的养殖产业，以玫瑰、兰花为代表的花卉产业，以蔬菜为代表的生态果蔬产业；园区积极开展产学研合作，与湖南农业大学、湖南省农科院、怀化学院等农业科研院校建立了长期合作关系，通过研发协同与资源共享，取得一批专利、注册商标、绿色认证等重大科研成果，实现科技成果在园区落地转化；园区注重培育职业型农民，与专业培训机构合作，开展农业产业标准化生产技术培训及现代经营理念培训，致力于将通道县由传统农业向现代农业、生态农业和高效农业转变，农民科技教育实践基地被列为省级示范基地，辐射带动园区现代农业发展。

评价结果显示：通道园区在投入产出效益等方面表现突出；在科技人才、新品种培育、园区示范基地建设、企业孵化培育、扩大就业等方面表现较好；在农民增收、财政投入、带动就业、三产融合、园区管理建设水平等方面有待进一步加强。

据本次评价结果，建议通道园区积极搭建财政资金多元化资助平台、产业资本投资现代农业的投资平台，引导社会资本进入农业领域；依托农业龙头企业、家庭农场、种养大户等，大力发展新型农村合作经济，建立农户与合作社、合作社与龙头企业之间紧密的利益联结机制，实现园区、公司、合作社、农户、基地联动发展，带动农民从事专业化生产，扩大就业，实现生产、加工、销售有机结合，促进农民增收增效；积极推动中药材、花卉、果蔬等传统优势产业的转型升级，深化特色农产品加工，结合实施"互联网+"行动计划，探索发展电子商务、仓储物流，实现园区农业产业结构调整，三产融合发展。

9. 怀化市芷江县杨溪河省级现代农业科技园区

芷江省级园区于 2015 年获批省级农业科技园区，位于县城以南，以沪昆高速公路为分界线，规划总面积约为 2.9 万亩。园区形成了生态农业、旅游观光农业、创意农业、休闲农业四大板块协调发展格局。园区以优质稻、商品蔬菜、基围虾、小龙虾等为传统优势产业，积极发展葡萄、竹笋、秸秆材料、芷江鸭等农产品深加工产业；园区注重研发平台建设，与湖南农业大学、湖南省农科院、湖南省畜牧水产局等农业研究机构及高等院校搭建技术研发平台，取得多项研究成果，不断促进科技成果在园区的转化落地。

评价结果显示：芷江园区在农民增收等方面表现突出；在园区示范基地建设、研发平台建设、园区科普能力、扩大就业、新品种培育等方面表现较好；在龙头企业培育、孵化载体建设、园区管理建设水平、科技人才、带动就业等方面有待进一步加强。

据本次评价结果，建议芷江园区加大财政投入，增加对特殊农作物的财政支持力度，引导社会资本向园区聚集，扩宽农业经济发展；立足产业发展需求，着力打造星创天地、众创空间、企业孵化器等孵化载体，培育一批技术水平高、成长潜力大的科技型企业，形成农业高新技术企业群；引导科技、信息、人才等创新要素向园区聚集，发挥园区现有研发平台优势，增强研发实力、创新资源凝聚力和科技成果转化力，提高农产品绿色化、优质化、特色化水平，提升农产品科技附加值；加大科技政策宣讲与技能培训力度，依托科技特派员、三区人才等专家人才队伍，加强对乡土人才、职业农民、致富带头人的培训指导，培养能引领或带动当地农业产业发展的科技人才队伍；加大园区内城乡居民就业创业扶持力度，建立健全促进创业带动就业、多渠道灵活就业机制，促进产业经济与农民增收的协同发展。

10. 怀化市靖州县省级农业科技园区

靖州省级园区位于靖州苗族侗族自治县飞山辖区，园区总规划面积为 19.

659万亩。园区现由杨梅生态产业园、茯苓医药食品科技产业园、甘太综合加工园三大特色园区构成，其中杨梅产业基地是全国四大杨梅主产区之一，基地面积居全国第一，并获批成为杨梅国家标准化基地，靖州杨梅获国家地理标志认证；茯苓基地面积居全国第一，并建成全国最大茯苓加工交易中心，"靖州茯苓"在天津渤海商品交易所上市；甘太综合加工园坐落在怀通高速靖州甘棠互通处，交通便利，基础设施完善，大力推进产城融合进程。园区积极探索现代农业发展新模式，即"加工园区+种养基地+科研中心+现代物流+文化旅游"，依托三大园区发展，建成了集产业园、观光园、博物园、文化园、植物园为一体的全国规模最大的杨梅生态博物馆，打造了响水、木洞等杨梅风情团寨。

评价结果显示：靖州园区在财政投入等方面表现突出；在企业孵化培育、科技人才、龙头企业培育、扩大就业、新品种培育等方面表现较好；在园区管理建设水平、农民增收、专利产出、带动就业、园区科普能力等方面有待进一步加强。

据本次评价结果，建议靖州园区引导园区企业强化发明专利、技术标准、动植物新品种（系）等知识产权的创造、利用、保护，提升企业核心竞争力；深化与省内外农业科研机构、高等学校的合作，搭建集研发设计、成果信息、知识产权、政策咨询、公益辅导等创新服务于一体的科技成果转化公共服务平台，提升创新服务能力；整合农业科教资源，通过学校培训、企业讲座、科技特派员实地指导等方式，做实一批特色鲜明的产业技术成果专题对接，全面提升农业从业人员技能水平，提高园区科普能力；整合农业技术资源；积极盘活园区内农民自有资产，调动农民专业合作组织、村集体经济组织、龙头企业等经营主体的积极性，带动园区内农户就业及增收致富。

11. 湘潭市湘潭县省级农业科技园区

湘潭县省级园区位于湘潭县易俗河镇，园区总规划面积为14.85万亩。园区以农业现代化为目标，围绕湘莲、槟榔等特色传统产业，布局特色食品、农副食品加工制造、食品配套产业发展；打造多业态、多功能的现代农业产业体系，建设农产品精深加工园，配套建设农产品检测中心、工程技术研发中心以及农产品物流仓储设施，形成了产销一体的农业产业化基地；大力发展乡村旅游，推动农业和传统文化紧密融合，"湘莲文化艺术旅游节"已成为湘潭县旅游的特色名片；园区与湖南农业大学、中国热带农业科学院等高校、科研院所开展深度合作，把科研成果转化为企业生产力，提高园区产品技术创新能力，实现了农民增收、园区增效的双赢。

评价结果显示：湘潭县园区在财政投入、专利产出、带动就业等方面表现突出；在园区示范基地建设、孵化载体建设、龙头企业培育、研发平台建设、科技人才等方面表现较好；在三产融合、投入产出效益、研发投入、科技推广能力、园区经济增长等方面有待进一步加强。

据本次评价结果，建议湘潭县园区持续加大研发投入，不断提升湘莲、槟榔等优势特色农产品附加值，形成"生产+加工+销售+流通"一体化的产业链条，推动规模化、生态化、标准化生产，促进园区经济增长；推动建立科研院所+农技推广体系+示范基地+新型经营主体的成果转化新模式，促进农业科技资源上、中、下联动，引进、集成、推广一批农作物新品种、新技术、新装备，提高农业科技成果转化应用，提高投入产出收益率；加大科技政策宣讲与技能培训力度，整合培训资源，建设具有区域特点的农民培训基地，依托科技特派员、"三区"人才等专家人才队伍，加强对乡土人才、职业农民、致富带头人的培训指导，提升农民职业技能；推动现代服务业同现代农业深度融合，实现三产融合发展。

12. 湘潭市韶山市省级农业科技园区

韶山省级园区于 2013 年成立，园区涵盖韶山高新区、银田镇、清溪镇、韶山乡、杨林等，规划总面积 10.515 万亩。园区按照"一园一特"发展定位，银田示范园发展花卉苗木中药材产业，栽植面积近 5000 亩，主导产业产值达 3000 万元，累计入园企业达 21 家；韶河示范园培育小水果产业，种植面积近 4500 亩，累计入园企业 23 家，主导产业产值达 5100 万元，获得绿色食品认证 6 个；园区积极推进农业龙头企业培育，金景丰、宏发农林生态、壹苑景实业、四清等小水果种植加工龙头企业不断发展壮大，三基农业、顺康生态农业、中森农业等种植养殖基地及韶山大北农、湖南绿亨等动物药业骨干企业规模进一步扩大；园区不断探索农业发展新模式，利用自身独特红色旅游资源，创新发展民宿、研学旅行等新业态，实现休闲农业与乡村旅游可持续发展。

评价结果显示：韶山园区在新品种培育、研发投入、农民增收等方面表现突出；在园区经济增长、三产融合、投入产出效益、企业孵化培育、园区管理建设水平等方面表现较好；在园区科普能力、龙头企业培育、研发平台建设、科技人才、扩大就业等方面有待进一步加强。

据本次评价结果，建议韶山园区依托资源禀赋，培育一批产业链条完整、核心竞争力强、辐射带动能力突出的农业龙头企业；引导科技、信息、人才等创新要素向园区聚集，鼓励企业通过自建、联建或与高校、科研院所共建等方式，建立技术创新中心、新型产业技术研发机构等研发平台；鼓励院校、企业和社会力量开展专业化教育，建设有区域特点的农民培训基地，依托专家人才队伍，加强对乡土人才、职业农民、致富带头人的培训指导，提升农民职业技能，扩大农民就业；加大科技政策宣讲与技能培训力度，整合培训资源，建设具有区域特点的农民培训基地；加大园区企业培育与招商力度，制定招商办法和优惠政策，依托园区特色主导产业，吸引有实力的农产品加工企业向产业园聚集，培育一批产业链条完整、核心竞争力明显、辐射带动能力强的农业"小巨人"和龙头企业，促进加工产业集群发展。

13. 邵阳市邵阳县省级农业科技园区

邵阳县省级园区于2018年获批成为省级农业科技园区，位于邵阳县塘渡口镇，园区规划总面积为30万亩。园区以油茶为特色产业，发展特色高效种植，园区大力引进华硕、华鑫等油茶新品种，建设油茶新品种示范基地，建成了全国首个油茶种质资源库；围绕油茶发展生产加工，与多家农产品深加工核心企业签订协议，以油茶产业为主导，协同推进农副产品加工融合发展；结合油茶产业发展博览观光，建成国家油茶产业示范园，涵盖旅游观光、休闲养生及油茶科普示范、技术培训等功能，实现文化和旅游两大产业转型升级、提质增效。园区实施科教兴企、人才强企战略，与省内外科研院所、高等院校建立合作关系，吸引各类科技创新创业人才在园区开展科技服务、技术指导。

评价结果显示：邵阳县园区在园区经济增长、园区科普能力、科技人才、扩大就业、科技推广能力等方面表现突出；在龙头企业培育、带动就业、研发投入、财政投入、新品种培育等方面表现较好；在三产融合、孵化载体建设、农民增收、专利产出等方面有待进一步加强。

据本次评价结果，建议邵阳县园区充分利用省内高校、科研院所的科技资源和人才资源，探索研发与应用无缝对接的有效办法，支持科技成果在示范区内转化、应用和示范，提高园区专利产出；立足产业发展需求，着力打造星创天地、众创空间、企业孵化器等"双创"孵化载体，培育一批技术水平高、成长潜力大的科技型企业，形成农业高新技术企业群；大力实施"互联网+园区"行动，加快园区电子商务平台及配套服务体系建设，着力打造线上、线下相结合的现代农业流通体系；带动农民从事专业化生产，扩大就业，实现生产、加工、销售有机结合，促进农民增收增效；持续完善休闲农业和乡村旅游服务设施，推进农业与休闲旅游、文化创意、休闲养生等深度融合，实现三产融合发展。

14. 邵阳市双清区省级农业科技园区

双清省级园区于 2015 年获批成为邵阳市首家省级农业科技园区，坐落于邵阳市双清区，园区总规划面积为 1.649 万亩。园区重点建设农产品种植基地、畜牧水产养殖基地、莲荷休闲基地，其中莲荷美丽乡村森林覆盖率达 85%，被誉为邵阳市的"城市后花园"，并大力发展农民合作社等多种新型经营主体，鼓励农民以多种形式与乡村旅游企业合作，实现产业发展、农民增收；园区加快创新驱动发展、技术创新平台建设，现有多家省级企业技术中心、院士专家工作站等，提升了园区综合竞争能力。园区主体不断完善基础设施，引进新品种、新技术，培育爱农业、懂技术、善经营的新型职业农民，逐步建成了集高效农业、生态农业、市政府"菜篮子"工程、都市农业、观光农业于一体的发展体系，不断促进企业增效农民增收。

评价结果显示：邵阳双清园区在三产融合、研发平台建设、企业孵化培育、投入产出效益、财政投入等方面表现较好；在研发投入、科技人才、扩大就业、龙头企业培育、园区经济增长等方面有待进一步加强。

据本次评价结果，建议双清园区积极推动果蔬种植、畜牧水产养殖等传统产业转型，重点发展以果品蔬菜为主的果蔬深加工，以牛羊肉、乳制品为主的畜禽加工，集中资源做大做强农产品品牌，培育一批产业链条完整、核心竞争力明显、辐射带动能力强的农业龙头企业，促进园区经济增长；持续推进政产学研用创紧密结合，加强与农业科研院校合作，支持企业加大研发投入，共建试验示范、技术推广基地，加强标准研究，构建产学研、农科教一体化推广体系，吸引青年科技人才和科技资源向园区集聚；围绕园区特色产业培育、新产品新技术示范推广、科技服务能力建设等方面开展科普培训，培养爱农业、懂技术、善经营的新型职业农民；深入推行科技特派员制度，建设科技人员创业平台，鼓励和支持科技人员在园区创新创业，以创业带动农民就业增收。

15. 邵阳市洞口县省级农业科技园区

洞口省级园区位于邵阳市洞口县，规划总面积为 1500 亩。园区以当地特色优势资源为基础，已形成柑橘、粮食、生猪、茶叶、竹木五大主导产业，建成多个农业示范区、生产基地；园区采用"公司+科技人员+合作社+农户"的方式，带动农业产业发展，建立农产品加工园，入驻多家省级、市级龙头农产品加工企业，以龙头企业带动农户集约化生产，延伸农产品产业链；构建新型农业科技服务体系，与湖南省农科院、中南林业科技大学等科研院所搭建产学研平台，并实施科技特派员创业行动，以科技提高农产品附加值；园区注重体制创新，不断加强科技创新，辐射带动洞口县及周边产业的农业结构调整和产业升级，提高农业运行质量和效益，实现农民增收、农业增效。

评价结果显示：邵阳洞口园区在企业孵化培育、园区经济增长等方面表现突出；在研发投入、孵化载体建设、新品种培育、财政投入、园区科普能力等方面表现较好；在扩大就业、科技推广能力、农民增收、专利产出、三产融合等方面有待进一步加强。

据本次评价结果，建议洞口园区立足园区特色产业，鼓励企业与省内外科研院所建立密切合作关系，构建农业高新技术研发、孵化、转化产业链，不断提升园区科技创新与成果转化的能力，优化农业产业结构，促进园区高质量发展；大力发展规模化、标准化生产，以农业龙头企业、家庭农场、种养大户为依托，完善加工储运和信息服务功能，加强品牌营销，提高产品附加值，带动建设特色农产品优势产业基地，形成"企业带基地促产业"发展格局；重视农产品流通销售工作，加强与农产品批发市场、物流企业的衔接，扩大农民就业，确保农民增收增效，实现农业结构转型升级；推动现代服务业同现代农业深度融合，实现三产融合发展；加大科技特派员等专家人才队伍的建设力度，加强对乡土人才、职业农民、致富带头人的培训指导，培养引领带动当地农业产业发展的科技人才队伍。

16. 娄底市涟源市省级农业科技园区

涟源省级园区位于娄底涟源市，规划总面积为 11.85 万亩。园区以畜禽、水果、蔬菜、药材等为传统优势产业，集中建设湘中黑牛生产示范区、油茶林生产示范区、名优特水果种植示范区；培育壮大农产品加工产业，以龙头企业集群发展为重点，入驻多家省级、市级农产品加工企业，建成中药材加工示范区、蔬菜精深加工示范区。园区不断汇聚科技资源，与湖南农业大学、湖南人文科技学院、湖南省蔬菜研究所、中科院上海生命科学院建立了合作关系，基本构建了以高校、科研院所专家为顾问、农业科技人才为核心的人才支撑体系，增加农产品科技附加值，带动农民增收。

评价结果显示：涟源园区在研发平台建设、园区科普能力、扩大就业等方面表现突出；在财政投入、孵化载体建设、研发投入、企业孵化培育、园区经济增长等方面表现较好；在园区管理建设水平、投入产出效益等方面有待进一步加强。

据本次评价结果，建议涟源园区围绕优势特色产业，加大科技型中小微企业和高新技术企业培育和引进力度，引进和培育一批高成长性的高新技术企业、具有示范引领作用的龙头企业；强化专业化服务平台建设，积极对接省内外高校等共建异地孵化器，促进创新成果产出，加速科技成果转化；聚焦特色主导产业加强新技术、新产品研发，大力发展农副产品加工，拉长产业链条，提升农产品的市场竞争能力与产品附加值，提高投入产出收益率；积极推进园区土地向龙头企业、合作社、家庭农场等新型经营主体流转，推动"公司+合作社+农户""龙头企业+高校、科研院所+基地+农户"的基地建设和发展新模式，加大园区内城乡居民就业创业扶持力度，建立健全促进创业带动就业、多渠道灵活就业机制，促进产业经济与农民增收的协同发展。

17. 娄底市冷水江市省级农业科技园区

冷水江省级园区位于娄底市冷水江市。园区核心区以湖南水云峰农业科技园等为基础，已建成面积4500亩，作为整个农业科技园区的技术创新与技术组装集成基地和技术示范辐射源，形成了涵盖农业新品种、现代农业规模化生产、休闲旅游农业、特色农产品精深加工、农业产业化与科技创新服务五大主导产业链。园区依托湖南瑞生源生物科技有限公司、湖南水云峰农业科技有限公司等龙头企业，积极开展校企合作模式，不断提升农产品加工科技含量，提高产品附加值和市场竞争力，延伸农业产业链条，带动了园区2000余户农民致富，人均增收2500元，新增就业岗位4000多个。此外，园区不断推动三产融合发展，促进园区商贸、餐饮、流通、深加工等配套产业发展，加快推进乡村产业振兴。

评价结果显示：冷水江园区在园区经济增长、研发投入、企业孵化培育、扩大就业等方面表现突出；在农民增收、新品种培育、园区示范基地建设、投入产出效益、孵化载体建设等方面表现较好；在专利产出、园区管理建设水平、财政投入、园区科普能力、科技推广能力等方面有待进一步加强。

据本次评价结果，建议冷水江园区围绕蔬菜、中药材、果品等主导产业的发展需求，继续加大研发投入，提高专利产出，大力发展农产品加工，不断拉长产业链条；加大园区科普基地建设与科普宣传力度，建设具有区域特点的农民培训基地，提升农民职业技能，优化农业从业者结构，培养适应现代农业发展需要的新农民；积极引导各星创天地围绕当地农业发展特色，借助"互联网+"，打造一批专业化、特色化的星创天地，构建"创业苗圃+孵化器+加速器"的创新创业孵化服务链条，完善农业创新生态；加大科技特派员等专家人才队伍的建设力度，加大科技政策宣讲与技能培训力度，整合培训资源，加强对乡土人才、职业农民、致富带头人的培训指导，培养引领带动当地农业产业发展的科技人才队伍。

18. 永州市祁阳县省级农业科技园区

祁阳省级园区以高新区农产品加工园为依托，向县城南边拓展，涵盖观音滩、茅竹、三口塘及浯溪街道等3镇1街道共27个行政村，规划面积为12.11万亩。核心区规划面积为1万亩，建设面积为0.6万亩，分别包括农产品加工区、新品种试验区、农产品电商和物流管理区。示范区规划面积11.11万亩，建设面积6万亩，分别包括粮食生产、油茶生产、果蔬生产、林下养殖和新兴产业等示范区。通过多年的建设，园区形成了优质稻、油料、果蔬、畜禽水产养殖、农产品加工、休闲观光等六大特色产业，并围绕六大产业打造和培育了高新区农产品加工、德辉蔬菜、唐家山油茶、农建投特色果蔬、碧湘苑珍贵花卉苗木、贵澳农旅、广东农垦油茶、双龙天然生态氧吧、团胜湘莲龙虾共生、富联富里优质稻产业等十大园区。

评价结果显示：祁阳园区在园区经济增长等方面表现突出；在专利产出、财政投入、园区管理建设水平、带动就业、研发投入等方面表现较好；在龙头企业培育、投入产出效益等方面有待进一步加强。

据本次评价结果，建议祁阳园区聚焦特色主导产业，培育一批产业链条完整、核心竞争力明显、辐射带动能力强的农业龙头企业，促进农产品加工产业集群发展；加强新技术、新产品研发，大力发展农副产品加工，拉长产业链条，提升农产品的市场竞争能力与产品附加值，提高投入产出收益率；加大科技政策宣讲与技能培训力度，整合培训资源，建设具有区域特点的农民培训基地，打造一支科技特派员专家队伍，加强对乡土人才、职业农民、致富带头人的培训指导，提升农民职业技能；立足园区产业发展需求，着力打造星创天地、众创空间、企业孵化器等孵化载体，培育一批技术水平高、成长潜力大的科技型企业；积极推进园区土地向龙头企业、合作社、家庭农场等新型经营主体流转，推动"公司+合作社+农户""龙头企业+高等院校（或农业科研单位）+基地+农户"的基地建设和发展新模式，形成"企业带基地促产业"的发展格局。

19. 永州市蓝山县省级农业科技园区

蓝山省级园区于 2015 年 12 月经省科技厅批准建设。核心区规划用地面积为 66000 亩，由塔峰镇、楠市镇、毛俊镇 3 个乡镇、126 个村组成，形成了有机蔬菜、时鲜水果、有机茶等主导产业；示范区规划面积为 135690 亩，含塔峰镇、楠市镇、毛俊镇除核心区以外的其他村以及周边的所城镇、土市镇、太平圩镇、祠堂圩镇、犁头瑶族乡等乡镇，形成了休闲旅游业及特色农产品精深加工业。园区涉农规模以上企业达到 46 家，农产品转化产值 11.5 亿元，农副产品加工转化率达到 55%~65%，"百叠岭蓝山红""蓝山油茶"等系列食品已成为省内食品知名商标。休闲旅游农业、精品农业等新型农业得到快速发展，形成了雷家岭村农业科技园、百叠岭五星级休闲农庄、休闲农业示范点花果庄园、龙湾三蓝五星级休闲农庄等一批休闲农业示范模板，吸引旅游观光、采摘客人每年达 2 万人次。

评价结果显示：蓝山园区在农民增收、园区科普能力、科技推广能力、投入产出效益、专利产出等方面表现突出；在园区经济增长、研发投入、企业孵化培育、三产融合、科技人才等方面表现较好；在孵化载体建设、扩大就业、研发平台建设、园区管理建设水平、财政投入等方面有待进一步加强。

据本次评价结果，建议蓝山园区加大财政投入，积极搭建财政资金多元化资助平台、产业资本投资现代农业的投资平台，引导社会资本进入农业领域；吸引科技、信息、人才等创新要素往园区聚集，强化企业创新主体地位，鼓励企业通过自建、联建或与高校、科研院所共建等方式，建立技术创新中心、新型产业技术研发机构等研发平台，提升企业核心竞争力；立足园区产业发展需求，着力打造星创天地、众创空间、企业孵化器等"双创"孵化载体，着力培育更多竞争力强、成长性好的科技型中小企业和高新技术企业，推动重点产业竞争力整体跃升；加大力度引进和推广新品种、新设施、新技术，带动县域扩大就业，提升周边农业科技水平和农村经济的发展。

20. 岳阳市平江县省级农业科技园区

平江省级园区位于平江县伍市镇，核心区规划面积为 3500 亩。园区立足农业种植优势，以农副产品精深加工产业为发展核心，与湖南省农业科学院、湖南农业大学、中南林业科技大学结成战略合作伙伴，探索以科技带企业、企业带园区、园区带农户的形式，逐步形成了技贸工农一体化的经营模式，主要特色功能模块有：专家服务站、农业科技培训中心、果蔬研究所、农产品检验检疫中心、农业科技信息化服务平台、农村电商创业小镇等。示范区是农业科技园技术开发、产业示范、农产品生产以及休闲旅游观光的综合区域。园区立足"特色产业+乡村振兴"同向发力，打造以现代农业科技、瓜果种植、康养运动、教学研发为基础，文旅农体相结合的三产融合发展综合园区。

评价结果显示：平江园区在投入产出效益等方面表现突出；在园区科普能力、三产融合、龙头企业培育、研发平台建设、孵化载体建设等方面表现较好；在研发投入、财政投入、专利产出、园区经济增长、园区管理建设水平等方面有待进一步加强。

据本次评价结果，建议平江县园区加大园区财政科技投入力度，进一步完善多元投入机制，引导企业和社会资本加大研发投入，增强企业自主创新能力；积极引导企业建立健全技术研发和知识产权管理体系，加强发明专利、技术标准、动植物新品种（系）等知识产权的创造、保护和利用，形成一批具有自主知识产权的核心技术和产品，提升高新技术产品价值创造力；不断培育和壮大水果、特色花卉、油茶等产业，加大新品种选育和新技术研发，改善农产品品种，提升品质，推进产业链向中高端延伸，增加品牌影响力和附加值，加速园区经济增长。加大园区内乡居民就业创业扶持力度，建立健全促进创业带动就业、多渠道灵活就业机制，促进产业经济与农民增收的协同发展。

21. 益阳市桃江县省级农业科技园区

桃江省级园区核心区面积为 29040 亩，示范区面积为 184500 亩。园区

2020 年实现了示范区规模化农民专业合作社 10 家、家庭农场 50 家、省级农业产业化龙头企业 2 家，建成了笋竹两用林核心示范基地 1000 亩、拓展区 5000 亩，建成笋竹两用林丰产基地 30000 亩、茶叶示范基地 2000 亩、现代化设施农业示范基地 500 亩、粮食高产示范基地 500 亩、特色水产养殖基地 500 亩，按照"科技引路、市场引导、因地制宜、稳步推进"的基本原则，逐步建设高效优质特色农产品示范基地，做大做强特色农业产业。依托笋竹两用林基地、百合花海、华莱茶旅一体化，形成了集参观、体验、饮食、住宿、游玩、健身、休闲等功能于一体的生态旅游体验园。

评价显示：桃江园区在研发投入、扩大就业等方面表现突出；在农民增收、园区示范基地建设、孵化载体建设、新品种培育、研发平台建设等方面表现较好；在专利产出、科技人才、园区经济增长、龙头企业培育、投入产出效益等方面有待进一步加强。

据本次评价结果，建议桃江园区围绕有机竹笋全产业链发展，加大科技型中小微企业和高新技术企业培育和引进力度，引进和培育一批高成长性的高新技术企业和具有示范引领作用的龙头企业；积极引导企业建立健全技术研发和知识产权管理体系，加强发明专利、技术标准、动植物新品种(系)等知识产权的创造、保护和利用，形成一批具有自主知识产权的核心技术和产品，提升高新技术产品价值创造力；引进、集成、运用、示范推广一批新品种、新技术、新装备，提升农产品的市场竞争力与产品附加值，提高投入产出收益率；加大科技特派员等专家人才队伍的建设力度，加强对乡土人才、职业农民、致富带头人的培训指导，培养引领带动当地农业产业发展的科技人才队伍；积极探索发展"互联网+园区"等创新模式和新型业态，推进农业信息化与农业现代化的融合发展。

22. 怀化市新晃县省级农业科技园区

新晃省级园区核心区面积为 250 亩，示范区面积为 300 亩。园区以"生态立园、产业强园、科技兴园"为建设目标，重点培育了黄牛、龙脑樟、侗藏红米和民族文化旅游产业链，拥有"湘老蔡""田牛""富桥""夜郎侗家""蜂窝窝"5

个省著名商标,"新晃黄牛肉"和"新晃龙脑"2个国家地理标志保护产品,以及世界原始稻作文化的活化石"新晃侗藏红米"。园区依托龙头企业,通过"公司+合作社+农户"等形式,发挥示范引领作用,带动企业、农民由线下转到线上,由分散型种植养殖转变为标准化、规模化、专业化生产,重塑价值链、供应链和产业链。园区通过研发旅游新产品,培植新型主导产业,创新旅游+农业发展新方式,促进了新晃地区经济平稳快速发展。

评价显示:新晃园区在扩大就业、研发投入等方面表现突出;在农民增收、园区示范基地建设、园区经济增长、新品种培育、园区管理建设水平等方面表现较好;在带动就业、三产融合、科技推广能力、龙头企业培育、孵化载体建设等方面有待进一步加强。

据本次评价结果,建议新晃园区以特色农产品、民族文化旅游为主导产业,引导相关企业向产业园聚集,加快农业科技企业孵化载体建设,培育一批产业链条完整、核心竞争力明显、辐射带动能力强的农业龙头企业,促进农产品加工产业集群发展;加快农产品加工业转型升级,加大引进和推广新技术、新品种、新设施的力度,改善农产品品种,提升品质,增加品牌影响力和附加值;加大科技政策宣讲与技能培训力度,依托科技特派员、三区人才等专家人才队伍,加强对乡土人才、职业农民、致富带头人的培训指导,培养引领带动当地农业产业发展的科技人才队伍;推进农业与休闲旅游、文化创意、健康养生等深度融合,吸引投资商和社会资本的介入,提高农村的旅游接待设施水平,创新旅游+农业发展新方式;加大园区内乡居民就业创业扶持力度,建立健全促进创业带动就业、多渠道灵活就业机制,促进产业经济与农民增收的协同发展。

23. 张家界市武陵源区省级农业科技园区

武陵源省级园区规划核心区面积为1200亩、示范区面积为2万亩,辐射全区各个乡(街道)。园区形成由核心区—示范区—辐射区组成的"三区"联动的发展模式,按照"一心(科技服务中心与农业主题公园)、三片(中湖农旅休闲度假乡、协合康养休闲示范乡、天子山民族风情特色镇)、六园(大鲵文化产业园、鱼泉贡米产业园、天子山剁辣椒产业园、协合菜葛产业园、协合高山茶产业园、岩门物流加工产业园)"进行产业功能布局。园区依托农业产业优势与核心景区旅游产业优势,大力发展农旅融合产业,以生态有机农业为主体,注重发展三产融合,培育区域性农业主导产业和产品,形成了绿色蔬菜产业、生态有机稻米产业、生态有机高山茶叶产业、大鲵产业、休闲农业为主体的主导产业布局,初步形成了集研发、种植、加工、销售于一体等较为完善的产业链。

　　评价显示:武陵源园区在三产融合方面表现突出;在科技推广能力、财政投入、园区科普能力、园区管理建设水平、新品种培育等方面表现较好;在扩大就业、园区经济增长、龙头企业培育、专利产出等方面有待进一步加强。

　　据本次评价结果,建议武陵源园区以特色农旅融合产业为主导产业,培育一批具有行业影响力的农业龙头企业,延伸上下游产业链,提升农产品的市场核心竞争能力;积极引导企业建立健全技术研发和知识产权管理体系,加强发明专利、技术标准、动植物新品种(系)等知识产权的创造、保护和利用,形成一批具有自主知识产权的核心技术和产品,提升高新技术产品价值创造力;依托示范基地、农业高新技术企业、科技型涉农企业,完善成果转化的分工协作机制,引进、集成、运用、示范推广一批新品种、新技术、新装备,建设一批先进适用农业科技成果的密集应用区和辐射源,加速农业科技成果转化应用,带动周边农业科技水平和农村经济的发展;加大园区内城乡居民就业创业扶持力度,建立健全促进创业带动就业、多渠道灵活就业机制,优先吸纳园区周边有意愿参与就业的农户和低收入群体就近入园就业,扩大就业与增收;逐步形成产业化经营体系,促进农业高新技术转化为现实生产力,使园区成为科技与经济相结合的桥梁和纽带。

24. 湘潭市雨湖区省级农业科技园区

　　雨湖省级园区核心区面积为 25541 亩,示范区面积为 59510 亩。园区核心区和示范区生产基地建设采用标准化规模种植,采用"公司+基地+农户"的生产经营模式。示范区以优质蔬菜、食用菌、粮食等农产品生产为主导产业,是立足雨湖区、服务湘潭市、面向长株潭地区的重要"菜篮子"生产基地和农业休闲服务区。园区推行"一带五片"的功能布局模式，"一带"为涟水河生态景观带，"五片"为综合服务和科技创新示范片、果蔬标准化生产示范片、超级水稻推广示范片、生态循环农业示范片和农旅融合发展示范片。2020年园区总产值69.6亿元，园内农民人均年收入4.1万元以上，比全市农民平均年可支配收入高25%。

评价显示：雨湖区园区在三产融合、农民增收、投入产出效益、园区经济增长等方面表现突出；在扩大就业、园区示范基地建设、研发平台建设、新品种培育、科技推广能力等方面表现较好；在园区科普能力、带动就业、龙头企业培育、专利产出、科技人才等方面有待进一步加强。

据本次评价结果，建议雨湖区园区围绕以优质蔬菜、食用菌、粮食等为主的农产品生产加工业，引导相关企业向产业园聚集，加快农业科技企业孵化载体建设，培育一批产业链条完整、核心竞争力明显、辐射带动能力强的农业龙头企业，促进农产品加工产业集群发展；积极引导企业建立健全技术研发和知识产权管理体系，加强发明专利、技术标准、动植物新品种（系）等知识产权的创造、保护和利用，形成一批具有自主知识产权的核心技术和产品，提升高新技术产品价值创造力；加大科技特派员等专家人才队伍的建设力度，加强对乡土人才、职业农民、致富带头人的培训指导，培养引领带动当地农业产业发展的科技人才队伍；建设具有区域特点的农民培训基地，提升农民职业技能，优化农业从业者结构，带动园区农民就业，培养适应现代农业发展需要的新农民；打造服务湘潭市、面向长株潭地区的重要菜篮子生产基地和农业休闲服务区。

25. 湘西州龙山县省级农业科技园区

龙山省级园区核心区面积为4500亩，示范区面积为13640亩。核心区位于龙山县西北部，紧邻县城中心，覆盖洗洛镇、兴隆街道和石牌镇。示范区覆盖茅坪乡、水田坝镇、茨岩塘镇、大安乡等4个乡镇。园区覆盖全县21个乡镇（街道），主导产业为以百合为主的中药材产业。园区现有厚朴、玄参、白术等多种中药材种植总面积达17万亩以上（其中百合种植面积约10万余亩），基本形成了以百合、玄参、白术、杜仲、厚朴、黄柏等为主的重点药材种植基地。核心区发展入驻企业 17 家，其中涉农高新技术企业 8 家，占全县高新技术企业总数的 80%。2020 年实现高新技术产业增加值 2353 万元，授权专利 27 件，签订技术合同 6 项，成交金额 1740 万元。

评价显示：龙山园区在园区经济增长、投入产出效益、园区科普能力、三产融合、科技人才等方面表现突出；在企业孵化培育、园区示范基地建设、科技推广能力、新品种培育、园区管理建设水平等方面表现较好；在财政投入、孵化载体建设、带动就业、研发投入、专利产出等方面有待进一步加强。

据本次评价结果，建议龙山园区以中药材种植为主导特色产业，加快农业科技企业孵化载体建设，引导生物医药加工企业向产业园聚集，培育一批产业链条完整、核心竞争力明显、辐射带动能力强的农业龙头企业，加快生物药材加工企业转型发展，促进农产品加工产业集群发展；加大园区财政科技投入，引导企业持续加强创新研发，加强发明专利、技术标准、动植物新品种（系）等知识产权的创造、保护和利用，形成一批具有自主知识产权的核心技术和产品，提升高新技术产品价值创造力；支持企业通过产学研合作等方式，开展中药材精深加工技术研究，促进科技成果产出及转化；加大园区内居民就业创业扶持力度，建立健全促进创业带动就业、多渠道灵活就业机制，优先吸纳园区周边有意愿参与就业的农户和低收入群体就近入园就业，促进农民就业与增收。

26. 常德市安乡县省级农业科技园区

安乡省级园区按"两园、三心、四区、多点"规划布局，空间上形成"一核创新驱动、多区示范带动、跨域辐射增值"的发展体系。核心区建设面积为 1200 亩，主要位于大鲸港镇生态工业园内，其中综合管理服务区面积 1.5 万平方米、农业科技创新区面积 1.12 万平方米、农产品精细加工区占地 1000 余亩、配套功能服务区占地 100 余亩；示范区建设面积 60 万亩，布局在全县 2 乡 5 镇，主要建设水产产业科技示范区、水稻产业科技示范区、油菜产业科技示范区及蔬菜产业科技示范区。园区以区域优势水产特色产业为主导产业，依托三家国家级星创天地优势资源，全力推进福民小龙虾、金满穗小龙虾、仙桃籽莲、湘华水产、楚源农业、长林水产等特色产业园区建设，已形成湖南正园饲料有限公司等龙头企业为主的安乡县区域特色农业产业集群。

评价显示：安乡园区在带动就业、财政投入等方面表现突出；在孵化载体建设、园区示范基地建设、企业孵化培育、扩大就业、三产融合等方面表现较好；在科技人才、龙头企业培育、园区科普能力等方面有待进一步加强。

据本次评价结果，建议安乡园区依托星创天地等"双创"孵化载体，培育一批技术水平高、成长潜力大的科技型企业，大力引进龙头骨干企业，提升招商质效，形成农业高新技术企业群；加大科技特派员等专家人才队伍的建设力度，加强对乡土人才、职业农民、致富带头人的培训指导，培养引领带动当地农业产业发展的科技人才队伍；建设具有区域特点的农民技术与科普培训基地，提升农民职业技能，优化农业从业者结构，培养适应现代农业发展需要的新农民；积极探索土地联户托管经营、"农业科创中心+龙头企业+合作社+农户"、家庭农场(种养大户)等多种经营模式，创新入园企业联农带农激励机制，建立与基地农户、农民合作社"保底+分红"等利益联结关系，让农民分享产业增值收益。

27. 岳阳市岳阳县省级农业科技园区

岳阳县省级园区核心区规划面积约为104771亩，主要位于黄沙街镇、新墙镇、筻口镇、柏祥镇、杨林街镇；示范区规划面积约为626445亩，分布在中洲乡、荣家湾镇、新开镇、新墙镇、筻口镇、黄沙街镇、柏祥镇、杨林街镇、公田镇、张谷英镇。经过发展，园区形成了"一心多点"的总体空间结构布局，以3大主导产业链条为基础，重点发展以"一县一特"岳阳王鸽、枫树湾生猪、中洲水产为代表的畜禽水产业，以"洞庭春"黄茶、特色水果、优质稻、特色蔬菜为代表的种植业，以黄沙街"茶香小镇"、黄秀台湾风情园、筻口—新墙"果浓小镇"、张谷英"文旅小镇"为代表的休闲农旅业。

评价显示：岳阳县园区在带动就业、园区经济增长、投入产出效益、园区科普能力等方面表现突出；在园区示范基地建设、扩大就业、专利产出、园区管理建设水平、孵化载体建设等方面表现较好；在研发投入、三产融合、研发平台建设、龙头企业培育、科技推广能力等方面有待进一步加强。

据本次评价结果，建议岳阳县园区加大园区财政科技投入力度，鼓励和引导企业强化科技投入，培育一批产业链条完整、核心竞争力明显、辐射带动能力强的农业龙头企业；支持园区企业与高等院校、科研机构、专家团队建立紧密型合作关系，通过建设示范基地，共建研发平台、开展项目合作等方式，引进一批新技术、新品种和新产品，推进科技推广与成果转化；加大科技特派员等专家人才队伍的建设力度，加强对乡土人才、职业农民、致富带头人的培训指导，培养引领带动当地农业产业发展的科技人才队伍；以功能拓展带动业态融合，大力推动肉鸽、茶叶、水果三产融合发展，推进农业与文化、旅游、教育、康养等产业融合，培育壮大农村新产业新业态，带动更多贫困户增收脱贫。

28. 岳阳市临湘市省级农业科技园区

临湘省级园区核心区面积为 3350 亩，示范区面积为 8000 亩，辐射 10 多个乡镇。园区规划布局了粮油产业发展区、茶油产业发展区和农旅休闲产业发展区，深度开发了竹木、山茶、水稻、茶叶、休闲旅游等产业，打造了羊楼司竹木种植、白羊田山茶种植、江南优质水稻种植、聂市茶叶种植等四个示范种植基地，建设了竹木家居创新创业园、笋竹食品冷链物流园、竹类交易物流园和中国竹艺城。园区竹木年产值达 40 亿元，培育了龙窖山、成事粮油、家乐米业、正盛农林、东祥油脂等 5 家省级粮油加工龙头企业，粮油年产值达 17 亿元。园区实现三产融合发展，十三村酱菜集三国文化、农耕文化、酱文化园林式国家AAA 级景区，成为湘北地区著名的工业旅游基地。

评价显示：临湘园区在投入产出效益、园区经济增长、企业孵化培育、带动就业、专利产出等方面表现突出；在三产融合、扩大就业、研发平台建设、新品种培育、园区管理建设水平等方面表现较好；在财政投入、研发投入、科技推广能力、龙头企业培育、科技人才等方面有待进一步加强。

据本次评价结果，建议临湘园区以竹制品加工、粮油、茶油等特色农产品加工产业为主导产业，吸引有实力的农产品加工企业向产业园聚集，培育一批产业链条完整、核心竞争力明显、辐射带动能力强的农业龙头企业，促进加工产业集群发展；加大园区财政科技投入力度，进一步完善多元投入机制，引导企业和社会资本加大研发投入，增强企业自主创新能力；加强测试检测、技术交易、信息服务、创新创业孵化器等创新和服务平台建设，提升园区创新创业服务水平；加大科技特派员等专家人才队伍的建设力度，加强对乡土人才、职业农民、致富带头人的培训指导，培养引领带动当地农业产业发展的科技人才队伍。

29. 益阳市资阳区省级农业科技园区

资阳省级园区核心区规划面积为2834亩，位于资阳区长春镇紫薇村、黄家湖村、新源村、龙凤港村境内。以特色农产品加工产业为主导产业，培育集聚了农产品加工业(休闲麻辣食品、畜禽肉食、果蔬、食品、稻米、饲料加工)、生态种养业(稻虾、稻渔、生猪)、特色林业(香樟、桂花、红豆杉、罗汉松)、农机装备制造业等产业，共拥有4家高新技术企业、3家省级农业龙头企业和12家市级农业龙头企业。园区积极对接传统产业与现代技术，推进农业结构优化升级，通过科学规划、发展与设计，配套相应的旅游服务功能，打造产业化、规模化的乡村旅游品牌，促使农业产业链条延长，带来了农旅产业融合发展的倍增效应。

评价显示：资阳园区在扩大就业、企业孵化培育、龙头企业培育等方面表现突出；在三产融合、科技人才、专利产出、园区科普能力、带动就业等方面表现较好；在科技推广能力、园区管理建设水平等方面有待进一步加强。

据本次评价结果，建议资阳园区构建园区投入长效机制，加强与政府、银行合作，吸引资本向园区聚集，引导风险投资、保险资金等各类资本为符合条件的农业高新技术企业融资提供支持；围绕特色农产品加工产业，加大园区创新平台建设，支持园区内市级工程技术研究中心、工程实验室打造升级为省级工程技术研究中心、省级工程实验室，鼓励企业通过自建、联建或与高校及科研院所共建等方式，构建新型农业技术研发和产业孵化机构；利用资阳区丰富的农产品资源，加大引进和推广新技术、新品种、新设施的力度，打造从原料供应到生产加工再到销售的全产业链条，构建产业+基地+景点的三产相互融合的产业结构。加大园区内城乡居民就业创业扶持力度，建立健全促进创业带动就业、多渠道灵活就业机制，促进产业经济与农民增收的协同发展。

附录　湖南省农业科技园区绩效评价指标体系相关说明

一、评价指标体系

本报告所采用的指标体系由创新研发能力、创新服务能力、创新带动能力、园区可持续发展、园区建设与管理5项一级指标组成，下设20项二级指标，其中定量指标18项，定性指标2项。

表A1　湖南省农业科技园区创新能力评价指标体系

序号	一级指标	二级指标	类型
1	创新研发能力	园区资金投入	定量
2		园区研发总投入占产值比例	定量
3		省级及以上研发平台数	定量
4		有效专利数	定量
5		省级及以上审定新品种(系)	定量
6		科技推广能力	定量

续表A1

序号	一级指标	二级指标	类型
7	创新服务能力	园区科普能力	定量
8		省级及以上孵化载体数	定量
9		科技服务专家	定量
10		园区示范基地数	定量
11	创新带动能力	园区就业人员数	定量
12		园区农业企业数	定量
13		三产融合度	定量
14		园区农民增收情况	定量
15		园区投入产出效益	定量
16	园区可持续发展	园区就业人员增长率	定量
17		企业增长率	定量
18		产值增长率	定量
19	园区建设与管理	园区建设与管理	定性
20		园区参与评价工作所报数据和相关材料的及时性、准确性评价	定性

二、绩效评价指标说明

1. 创新研发能力

（1）园区资金投入（万元）：指报告期内园区年度资金投入金额。

（2）园区研发总投入占产值比例（%）：指报告期内农业科技园区资金投入占总产值的比例。该比例是衡量农业科技园区在创新过程中财力支撑持续性的重要指标。

（3）省级及以上研发平台当量数（家）：指报告期内经认定的国家级和省级各类工程技术研究中心、工程研究中心、企业技术中心、重点实验室、工程实验室、院士专家工作站、博士后科研工作站、技术创新中心、新型产业技术研发机构等的数量总和的当量数。该指标反映农业科技园区研发创新载体的集聚程度。

（4）有效专利数（件）：指报告期内园区内有效专利数。该指标反映农业科技园区企业知识产权保护情况。

（5）省级及以上审定新品种（系）（件）：指报告期内园区内拥有通过省级及以上审定的新品种数量与通过省级及以上审定的畜禽水产新品种配套系数的总和。

（6）科技推广能力（件）：指报告期内园区本年度引进与推广的品种、技术、设施数量总和。主要反映园区引进和推广新技术、新品种、新设施的力度。

2. 创新服务能力

（1）园区科普能力：指报告期内园区本年度举办的与科技政策、科技管理、技术研发等相关的各类培训会次数。

（2）省级及以上孵化载体当量数（个）：指报告期内经认定的国家级和省级科技企业孵化器、众创空间、星创天地等服务机构的总和。该指标反映农业科技园区支撑科技创新创业的基础条件。

（3）科技服务专家（人）：指报告期内园区本年度科技特派员、"三区"人才数。反映园区拥有科技服务专家情况。

（4）园区示范基地数（个）：指报告期内园区拥有国家级农业产业化示范基地数。

3. 创新带动能力

（1）园区就业人员数（人）：指报告期内园区企业就业人员总数。

(2)**园区农业企业当量数(个)**：指报告期内园区拥有经认定的国家级、省级农业/林业产业化龙头企业数、高企数、科技型中小企业数、上市企业数。

(3)**三产融合度**：指报告期内第二、三产业的产值占总产值的比值，反映园区第一、二、三产业的融合程度。

(4)**园区农民增收情况**：指报告期内反映园区内农民收入增收的情况。

(5)**园区投入产出效益**：指报告期内园区总产值与总投入资金的比值，反映园区投入资金规模及其总体产出情况。

4.园区可持续发展

(1)**园区就业人员增长率**：指报告期内园区企业就业人员增长量与基期发展水平之比。该指标反映园区就业人员就业情况，一定程度上体现园区企业和产业发展趋势。

(2)**企业增长率**：指报告期内园区本年度企业数量增长量与基期发展水平之比。该指标反映园区创新创业成效及发展活力。

(3)**产值增长率**：指报告期内园区本年度总产值增长量与基期发展水平之比。反映园区经济增速水平。

5.园区建设与管理

园区建设与管理指报告期内园区总体建设情况、园区管理机制、园区扶持政策。

三、数据来源

本报告采用的评价数据为 42 家参与湖南省农业科技园区创新发展绩效评价工作自主填报的 2019 年度、2020 年度定量数据，以及相关佐证材料，并经对照核实与修正后的相关数据材料。

四、测算过程

1. 各二级指标权重计算

各二级指标权重计算方法如下：

$$w_i = \frac{\omega_{ij}}{\sum\limits_{j=1}^{n} \omega_{ij}}$$

式中：w_{ij} 为计算后的各二级指标的权重；ω_{ij} 为各二级指标原始赋权值；i 是指一级指标序号；j 为二级指标序号。

2. 定量指标数据标准化处理

对各指标进行量纲一化处理，采用的处理方式为线性归一化处理，其中所有指标均为正向指标，处理方法为：

$$P_{ij} = \frac{X_{ij} - X_{ij,\,\min}}{X_{ij,\,\max} - X_{ij,\,\min}}$$

式中：P_{ij} 为各指标量纲一化处理后得到的标准值；X_{ij} 为各指标的原始值；$X_{ij,\,\max}$ 为当年各高新区该指标的最大值；$X_{ij,\,\min}$ 为当年各高新区该指标的最小值。

3. 定性指标专家打分

6个定性指标对应调查问卷的各个专题板块，要求5名专家对定性调查问卷评分，专家打分去掉一个最高分和一个最低分后取平均值为该园区指标得分。

4. 加权计算

各高新区创新能力绩效评价总得分为各项一级指标权重得分总和，一级指标得分为该一级指标下二级指标权重得分总和。一级指标得分为：

$$s_i = \sum_{j=1}^{n} P_{ij} w_{ij}$$

式中：s_i 为一级指标得分；P_{ij} 各二级指标量纲一化处理后得到的标准值，w_{ij} 为计算后的各二级指标的权重。总得分为：

$$S = \sum_{i=1}^{n} s_i W_i$$

式中：S 为总得分；s_i 为一级指标得分；W_i 为一级指标权重。

五、湖南省农业科技园区创新能力聚类分析

利用 K 均值聚类的方法，以园区的创新研发能力、创新服务能力、创新带动能力、园区可持续发展、园区建设与管理指标得分为特征值，对湖南省农业科技园区的创新能力进行分类。具体的计算步骤如下：

(1) 选取任意值为聚类中心。

(2) 计算每个园区分项指标得分到聚类中心的距离。利用距离测算公式计算每个园区分项指标得分的中心距离，并且划分新的聚类中心，具体的距离测算公式如下：

$$J(c, \mu) = \sum_{i=1}^{m} || x_i - \mu_{ci} ||^2$$

式中：$x^{(i)}$ 为分项指标得分；μ_c 为聚类中心；c 为聚类中心个数。

(3) 重复上述步骤，直到输出达到要求的类别。通过聚类分析将湖南省农业科技园区划分为不同类别，以掌握园区的整体发展层次，并且有利于对各类园区的创新发展进行分类指导。